管理者知识储备与技能提升系列

管理者

财税常识一本通

王雁飞　编著

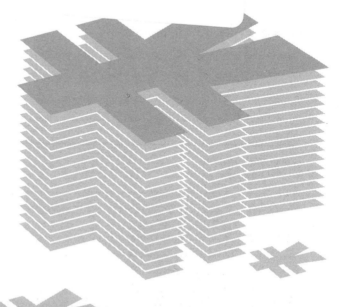

全国百佳图书出版单位

化学工业出版社

·北京·

内容简介

《管理者财税常识一本通》一书根据新的会计、税务法规，分为财税管理法规认识、了解会计知识、企业税务常识、内部控制与内部审计、企业财务风险管理常识、读懂资产负债表、读懂现金流量表、读懂利润表、了解企业的财务状况九章内容，对于管理者日常应知的财税常识进行了系统的解读，并佐以案例参考。

本书去理论化，全面系统地对管理者日常工作中应了解的财税知识进行了梳理，简单易懂，具有较强的可读性，适合创业者和从事企业管理的人士阅读。

图书在版编目（CIP）数据

管理者财税常识一本通/王雁飞编著. —北京：化学
工业出版社，2022.6
（管理者知识储备与技能提升系列）
ISBN 978-7-122-40943-0

Ⅰ.①管…　Ⅱ.①王…　Ⅲ.①财税-基本知识-
中国　Ⅳ.①F812

中国版本图书馆CIP数据核字（2022）第039519号

责任编辑：陈　蕾　　　　　　　　　　　　装帧设计：数字城堡
责任校对：杜杏然

出版发行：化学工业出版社（北京市东城区青年湖南街13号　邮政编码100011）
印　　装：三河市延风印装有限公司
700mm×1000mm　1/16　印张14¹/₂　字数229千字　2022年6月北京第1版第1次印刷

购书咨询：010-64518888　　　　　　　　　售后服务：010-64518899
网　　址：http://www.cip.com.cn
凡购买本书，如有缺损质量问题，本社销售中心负责调换。

定　　价：68.00元　　　　　　　　　　　　版权所有　违者必究

前言
PREFACE

管理企业是一项非常系统的工程，需要管理者具有丰富的知识储备。

作为管理者，必须增强与时俱进的学习意识，把学习摆在首位，因为学习是提高管理者知识水平、理论素养的重要途径。我们在工作中获得的是经验，而理论学习赋予我们的是进一步实践的有力武器。只有不断地学习和更新知识，不断地提高自身素质，才能满足管理工作的需要。

通常情况下，企业管理者需要掌握财税常识、法律常识，以及企业运营常识。

第一，企业管理者应掌握财务知识。每一个企业管理者都希望自己的企业能够蓬勃发展、基业长青。作为优秀的企业管理者，需要对企业或者公司有一个全面的把控，而具备一定的财务思维和财务管理知识，会让企业管理者更全面地把握企业发展的整体趋势，从而实施开源节流，达到更理想的持续发展效果。

第二，经营管理的决策者、组织者和实施者，是将"依法治企"理念转化为企业基本管理方式的决定性因素。这种理念来自企业管理者的法律意识。要做到依法治企，必须提高管理者依法治企的能力，这就要求管理者树立现代法治观念，注重法律学习，增强法律意识，建立起依法取得权利、行使权利、保护权利和履行义务的思维模式，这样才能在处理具体经营管理业务时有一个法律评价的视角和判断的警觉。

第三，企业经营管理主要是指对企业发展过程的全部内容进行计划、组织、协调与控制，从而提升企业的生产效益、降低企业的开支成本，并促进企业既定目标的实现。作为企业管理者，需要对企业经营管理的常识进行全面的了解，这样才能使企业处于正常的运作中，从而实现企业的目标。

基于此，我们编写了本书，以供致力于自己创办企业、开办公司的大中专毕业生、职场人士阅读，希望我们能为您的公司、企业中的财务、税务、法律管理，以及股权分配、合伙人管理和提升企业业绩等方面提供帮助和指导，以期助力您成功！

《管理者财税常识一本通》一书是根据新的会计、税务法规编写的，包括财税管理法规认识、了解会计知识、企业税务常识、内部控制与内部审计、企业财务风险管理常识、读懂资产负债表、读懂现金流量表、读懂利润表、了解企业的财务状况九章内容，对管理者日常应知的财税常识进行了系统的解读，并佐以案例以供参考。

本书去理论，重实践，简单易懂，具有较强的可读性，全面系统地对管理者日常生活和工作中应该了解的法律知识进行了梳理，适合创业者和从事企业管理的人士阅读。

由于笔者水平有限，书中难免出现疏漏，敬请读者批评指正。

编著者

目录

CONTENTS

▶ 第一章　财税管理法规认识

　　《中华人民共和国会计法》规定，一旦企业的财务工作出现问题，首先应该追究企业法定代表人或是经理人的责任，企业管理层成员，不能以不懂会计法规、会计业务、会计知识、税务知识为由推脱责任。因此，管理者要积极地学习会计法规、会计准则、会计制度和税务法规，知晓应承担的会计法律责任，以降低经营过程中的财务风险。

▶ 第二章 了解会计知识

作为管理者，不需要成为财务会计的专家或实际操作者，但一定要了解一些基础的会计知识。会计中的一些术语也许很晦涩，但都代表了特定的含义，都能准确简明地反映相关的会计信息。基础的会计知识是了解和从事会计活动的通用语言，也是管理人员阅读和理解财务信息的敲门砖。

▶ 第三章　企业税务常识

依法纳税是每个企业和公民应尽的义务，学习和了解国家税收政策和有关规定对确保企业合法经营和正常业务的开展具有十分重要的意义。税务知识非常专业，管理者不需要精通，但一定要掌握一些基本常识：有哪些税种、企业的税负情况、日常经营活动中的涉税问题、发票与收据的真伪、税务部门检查的应对等。

▶ 第四章　内部控制与内部审计

内部控制的目的是保护资产的安全完整，而内部审计则是财务管控的最终防线。内部审计的对象涉及多方面的内容，但主要还是对内部控制进行检查、监督和评价。两者都可以促进企业经营目标的实现。

▶ 第五章　企业财务风险管理常识

　　企业的发展是存在风险的。在企业管理中，财务是不可或缺的一部分，所以，财务中存在的风险会阻碍企业的成长与发展。财务风险是指企业在进行各项财务活动时，受到内外部环境以及各种因素的影响，使企业的收益与预期目标不一致而导致的经济损失。企业的财务风险是客观存在的，管理者只能采取有效的措施来降低风险，但不可能将其全部消除。

▶ 第六章 读懂资产负债表

资产负债表反映了企业在某一特定日期（月末、季末、年末）的财务状况，属于静态会计报表。作为管理者，如果能读懂资产负债表，就会知晓企业拥有或控制的经济资源及其分布，企业的财务实力、短期偿债能力和支付能力，企业融通资金和使用资金的能力，企业的经营绩效及未来的财务趋势等情况。

▶ 第七章 读懂现金流量表

现金对一个企业来说，就像血液一样。血液只有流动起来，人体才有生命力，同样，现金要具有良好的流动性，企业才能正常运行。作为管理者，只有读懂现金流量表，才能了解企业的支付能力、偿还能力和周转能力，才能更好地预测企业未来的现金流量。

▶ 第八章　读懂利润表

利润表是反映企业一定会计期间经营成果的报表。通过阅读利润表，管理者可以知道企业在一定会计期间收入、费用、利润的数额及构成情况，还可以全面了解企业的经营成果，分析企业的获利能力及盈利增长趋势。利润表也为管理者作出正确的经济决策提供了重要依据。

▶ 第九章　了解企业的财务状况

了解企业的财务状况，包括对经营过程中经营成果的评价，也包括对某个时点资产负债表中数据的评价，既有对时点数字的理解，也有对期间数字的体会。一般来说，可以从四个方面来了解一个企业的财务状况，即偿债能力、营运能力、盈利能力、发展能力。

第一章

财税管理
法规认识

引言：

  《中华人民共和国会计法》规定，一旦企业的财务工作出现问题，首先应该追究企业法定代表人或是经理人的责任，企业管理层成员，不能以不懂会计法规、会计业务、会计知识、税务知识为由推脱责任。因此，管理者要积极地学习会计法规、会计准则、会计制度和税务法规，知晓应承担的会计法律责任，以降低经营过程中的财务风险。

第一节　会计法规与责任认识

一、会计法规体系

我国的会计法规体系是以《中华人民共和国会计法》（简称会计法）为主法的一套比较完整的体系，其中包括会计法律、会计行政法规、会计规章、地方性法规和会计工作规范性文件。在我国会计法律法规中，主要包括《会计法》、会计准则和其他对会计核算有影响的法规。

（一）会计法

《会计法》是我国会计工作的根本大法，在我国会计法规体系中处于最高层次，居于核心地位，也是其他会计法规制定的基本依据。我国会计法最早颁布于1985年，1993年、2017年分别进行了修订，目前执行的是2017年11月4日第十二届全国人民代表大会常务委员会第三十次会议修正，自2017年11月5日起施行的《会计法》。《会计法》主要规定了会计工作的基本目的、会计管理权限、会计责任主体、会计核算和会计监督的基本要求、会计人员和会计机构的职责权限，并对会计法律责任做出了详细规定。

（二）会计准则

会计准则以《会计法》为指导，是我国会计核算工作的基本规范，同时又是我国会计制度制定的依据。会计准则按其使用单位的经营性质，可分为营利组织的会计准则和非营利组织的会计准则，本书主要介绍营利组织的会计准则，即《企业会计准则》。

《企业会计准则》包括基本准则1个、具体准则42个，最新的一项为2017年5月发布的《企业会计准则第42号——持有待售的非流动资产、处置组和终止经营》。

《企业会计准则》由财政部制定，于2006年2月15日由财政部令第33号发布，自2007年1月1日起施行。我国企业会计准则体系包括基本准则、具体准则和应用指南。

基本准则是《企业会计准则》的主导，对企业财务会计的一般要求和主要方面做出了原则性的规定，并为制定具体准则和会计制度提供了依据。

基本准则提纲包括总则、会计信息质量要求、财务会计报表要素、会计计量、财务会计报告等十一章内容。具体准则是在基本准则的指导下，处理会计具体业务标准的规范。表1-1是42个企业会计具体准则的名录。

表 1-1 42个企业会计具体准则名录

名称	制定（修订年度）
企业会计准则第1号——存货	2006年颁布
企业会计准则第2号——长期股权投资	2006年颁布（2014年修订）
企业会计准则第3号——投资性房地产	2006年颁布
企业会计准则第4号——固定资产	2006年颁布
企业会计准则第5号——生物资产	2006年颁布
企业会计准则第6号——无形资产	2006年颁布
企业会计准则第7号——非货币性资产交换	2006年颁布（2019年修订）
企业会计准则第8号——资产减值	2006年颁布
企业会计准则第9号——职工薪酬	2006年颁布（2014年修订）
企业会计准则第10号——企业年金基金	2006年颁布
企业会计准则第11号——股份支付	2006年颁布
企业会计准则第12号——债务重组	2006年颁布
企业会计准则第13号——或有事项	2006年颁布
企业会计准则第14号——收入	2006年颁布（2017年修订）
企业会计准则第15号——建造合同	2006年颁布
企业会计准则第16号——政府补助	2006年颁布（2017年修订）
企业会计准则第17号——借款费用	2006年颁布
企业会计准则第18号——所得税	2006年颁布
企业会计准则第19号——外币折算	2006年颁布
企业会计准则第20号——企业合并	2006年颁布
企业会计准则第21号——租赁	2006年颁布（2018年修订）

名称	制定（修订年度）
企业会计准则第22号——金融工具确认和计量	2006年颁布（2017年修订）
企业会计准则第23号——金融资产转移	2006年颁布（2017年修订）
企业会计准则第24号——套期会计	2006年颁布（2017年修订）
企业会计准则第25号——原保险合同	2006年颁布
企业会计准则第26号——再保险合同	2006年颁布
企业会计准则第27号——石油天然气开采	2006年颁布
企业会计准则第28号——会计政策、会计估计变更和差错更正	2006年颁布
企业会计准则第29号——资产负债表日后事项	2006年颁布
企业会计准则第30号——财务报表列报	2006年颁布（2014年修订）
企业会计准则第31号——现金流量表	2006年颁布
企业会计准则第32号——中期财务报告	2006年颁布
企业会计准则第33号——合并财务报表	2006年颁布（2014年修订）
企业会计准则第34号——每股收益	2006年颁布
企业会计准则第35号——分部报告	2006年颁布
企业会计准则第36号——关联方披露	2006年颁布
企业会计准则第37号——金融工具列报	2006年颁布（2017年第二次修订）
企业会计准则第38号——首次执行企业会计准则	2006年颁布
企业会计准则第39号——公允价值计量	2014年颁布
企业会计准则第40号——合营安排	2014年颁布
企业会计准则第41号——在其他主体中权益的披露	2014年颁布
企业会计准则第42号——持有待售的非流动资产、处置组和终止经营	2017年颁布

（三）小企业会计准则

为了促进小企业（小企业是相对于大企业而言的，一般是指规模较小或处于创业和成长阶段的企业，包括规模在规定标准以下的法人企业和自然人企业）的发展以及财税政策的日益完善，我国形成了以减费减免、资金支持、公共服务等为主要内容的促进中小企业发展的财税政策体系。2011年10月18日，财政部发布了《小企业会计准则》，要求相关小企业自2013年1月1日起执行，同时废止了2004年发布的《小企业会计制度》。

《小企业会计准则》共10章，90条内容，适用于在中华人民共和国境内依法设立的、符合《中小企业划型标准规定》所规定的小型企业标准的企业。符合《中小企业划型标准规定》所规定的微型企业标准的企业参照执行。

各行业划分为小、微型企业的标准如表1-2所示。

表 1-2 各行业划分为小、微型企业的标准

序号	行业	划型标准
1	农、林、牧、渔业	营业收入500万元以下
2	工业	从业人员在300人以下，且营业收入2 000万元以下
3	建筑业	营业收入6 000万元以下，且资产总额5 000万元以下
4	批发业	从业人员20人以下，且营业收入5 000万元以下
5	零售业	从业人员50人以下，且营业收入500万元以下
6	交通运输业	从业人员300人以下，且营业收入3 000万元以下
7	仓储业	从业人员100人以下，且营业收入1 000万元以下
8	邮政业	从业人员300人以下，且营业收入2 000万元以下
9	住宿业	从业人员100人以下，且营业收入2 000万元以下
10	餐饮业	从业人员100人以下，且营业收入2 000万元以下
11	信息传输业	从业人员100人以下，且营业收入1 000万元以下
12	软件和信息技术服务业	从业人员100人以下，且营业收入1 000万元以下
13	房地产开发经营	营业收入1 000万元以下，且资产总额5 000万元以下
14	物业管理	从业人员300人以下，且营业收入1 000万元以下
15	租赁和商务服务业	从业人员100人以下，且资产总额8 000万元以下
16	其他未列明行业	从业人员100人以下

备注：以下3类小企业不适用《小企业会计准则》。
（1）在市场上公开交易股票或债券的小企业。
（2）金融性质的小企业。
（3）企业集团内的母公司和子公司。

提醒您

《小企业会计准则》与《企业会计准则》的不同主要体现在，《小企业会计准则》规定的核算方法比《企业会计准则》规定的核算方法简单。但《小企业会计准则》的简化并没有更改核算方法，在处理上仍保持了与《企业会计准则》的一致性，这样随着小企业规模发生变化，改为执行《企业会计准则》时，可减少需要调整和说明的内容。

（四）企业会计制度

2000年12月29日，财政部出台了《企业会计制度》，2001年先在股份公司执行；2002年在所有外商投资企业执行，并鼓励国有企业执行；到2005年底之前，国资委监管的所有中央企业已全面执行。除此之外，还有针对银行、保险公司、证券公司、投资公司和基金公司业务的《金融企业会计制度》，同时，为了规范小企业会计行为，又发布了《小企业会计制度》。这样，我国的会计制度体系从原来的13个行业会计制度转变成现在的《企业会计制度》《金融企业会计制度》《小企业会计制度》三个制度，基本涵盖了全国各类企业。

《企业会计制度》和《企业会计准则》均属于行政法规性的规范性文件，均对会计要素的确认、计量、披露或报告等作出规定，均由财政部制定并公布，均在全国范围内实施，所以同属于国家统一的会计核算制度。但会计制度是以特定部门、特定行业的企业或所有的企业为对象，着重对会计科目的设置、使用和会计报表的格式及编制加以详细规范；会计准则是以特定的经济业务（交易或事项）或特定的报表项目为对象，详细分析了各项业务或项目的特点，规定了所引用概念的定义，然后以确认与计量为中心并兼顾披露，对围绕该业务或项目可能发生的各种问题做出处理的规范。

（五）其他会计法律、法规和规范

以《会计法》为依据，国家先后颁布了一系列会计管理工作的法律法规，如《会计基础工作规范》《总会计师工作条例》《会计报告条例》《会计从业资格管理办法》《会计档案管理办法》等，分别从不同的角度对会计工作进行了规定。

二、企业经营管理者的会计责任

《会计法》第四条规定：单位负责人对本单位的会计工作和会计资料的真实性、完整性负责。

《会计法》第二十八条规定：单位负责人应当保证会计机构、会计人员依法履行职责，不得授意、指使、强令会计机构、会计人员违法办理会计事项。会计机构、会计人员对违反本法和国家统一的会计制度规定的会计事项，有权拒绝办理或者按照职权予以纠正。

《会计法》第四十二条规定，违反本法规定，有下列行为之一的，由县级以上人民政府财政部门责令限期改正，可以对单位并处三千元以上五万元以下的罚款；对其直接负责的主管人员和其他直接责任人员，可以处二千元以上二万元以下的罚款；属于国家工作人员的，还应当由其所在单位或者有关单位依法给予行政处分。

（1）不依法设置会计账簿的。

（2）私设会计账簿的。

（3）未按照规定填制、取得原始凭证或者填制、取得的原始凭证不符合规定的。

（4）以未经审核的会计凭证为依据登记会计账簿或者登记会计账簿不符合规定的。

（5）随意变更会计处理方法的。

（6）向不同的会计资料使用者提供的财务会计报告编制依据不一致的。

（7）未按照规定使用会计记录文字或者记账本位币的。

（8）未按照规定保管会计资料，致使会计资料毁损、灭失的。

（9）未按照规定建立并实施单位内部会计监督制度或者拒绝依法实施的监督或者不如实提供有关会计资料及有关情况的。

（10）任用会计人员不符合本法规定的。

有前款所列行为之一，构成犯罪的，依法追究刑事责任。

会计人员有第一款所列行为之一，情节严重的，五年内不得从事会计工作。

有关法律对第一款所列行为的处罚另有规定的，依照有关法律的规定办理。

三、如何规避会计法律责任风险

（一）提高法制观念，正确履行会计责任

在市场经济条件下，一些企业负责人为了追逐政治或经济上的私利，经常指使会计部门和会计人员弄虚作假，严重侵犯了国家和有关方的利益，扰乱了社会经济秩序。同时，这也是一种违法违纪行为，企业负责人有不可推卸的法律责任。

违法违纪行为的产生，主要源于企业负责人法律意识的淡薄或缺失。因此，企业负责人应加强对以《会计法》为代表的财经法规的学习，了解会计法律法规所提出的要求以及相应的法律责任，从思想上充分认识、高度重视会计法律法规在规范会计行为、保证会计信息质量等方面的重要意义。进一步增强法制观念，摆正自己在本企业会计工作中的位置，正确履行会计责任。从而有效地规避企业的会计法律责任风险。

（二）高度重视会计知识的学习

企业负责人是会计行为的重要参与者，各种会计政策的贯彻执行，各种重大会计事项的决策等，都离不开企业负责人的参与。因此，企业负责人一定要掌握相关的财务知识和技能，这样才能做出正确的决策，将企业发展壮大。

负责人首先应掌握会计基础知识和会计基本原则，包括会计的职能和作用、一般原则、会计的处理程序和方法等。在此基础上还应进一步学习国家统一的会计制度，能够读懂和分析财务会计报告，包括资产负债表、利润表、现金流量表以及会计报表附注和财务情况说明书等。负责人只有熟练掌握财会知识，才能提高自己辨别、区分会计违法行为的能力，才能保证本企业会计工作和会计资料的真实性、完整性，才能充分掌握企业经营管理的全面情况，从而有效地控制会计行为，防范会计风险。

（三）向企业员工宣传《会计法》

作为企业负责人，有必要向企业员工大力宣传《会计法》，因为《会计法》中有很多内容是涉及其他岗位业务人员的。例如，企业业务员去采购，当发现对方开具的发票金额有误时，如果开票人只是在金额上画一条横线加以更正，那么就会存在税务风险。

（四）重视制度建设

企业负责人是会计责任的主体，要保证会计信息的真实、完整，除了自己要遵守《会计法》外，还必须防止会计机构内部人员的作假舞弊行为。因此，企业负责人要重视会计制度的建设。

1.会计人员的配置

企业负责人应关注会计人员的配置，重视会计人员的职业继续教育，本着"以人为本"的原则，选拔任用素质高、品行好的人才，来提高会计工作的质量和效率，从而减少会计人员的败德行为带来的法律风险。

提醒您

> 在选拔人才时，过分地重视会计人员的服从性是不行的。因为，当会计工作存在问题时，而会计人员不主动提出来，或者不敢提出来，那么单位负责人就很可能会因不熟悉财税制度而违反会计法规。

2.重视会计制度的建设

企业负责人应重视会计制度的建设，通过建立健全行之有效的内部控制制度和内部制约机制，明确会计相关人员的职责权限、工作规程和纪律要求；坚持不相容职务相互分离的原则，确保不同机构和岗位之间的权责分明，相互制约、相互监督。

（五）充分发挥内部审计的监督职责

内部会计监督的目的是把违法违纪行为遏制在会计工作的初始阶段，不能将不法行为放纵到铸成事实后，再寄希望于社会中介机构的审计、财政等执法部门的查办以及社会和政府的监督。从规避会计法律责任的角度来看，企业负责人应高度重视会计的监督职能，正确认识会计监督的重要地位，从而保护企业资产的安全、完整，保证其经营活动符合国家法律法规和内部有关管理制度的要求，进一步提高经营管理的水平与效率。

会计监督是现代经济管理的重要组成部分。会计工作与其他工作的根本区别在于它的政策性和法制性，会计人员行使职权是受法律保护的。企业应建立健全本企业的会计监督制度，保证会计机构和会计人员依法履行职责，只有正视会计监督的法律地位，企业负责人才能严格自律，遵守《会计法》，杜绝授意、指使、强令会计人员弄虚作假的行为发生。

第二节　财务管理指引——《企业财务通则》

《企业财务通则》是各类企业进行财务活动、实施财务管理的基本规范，同时也为企业的财务管理提供了指引。《企业财务通则》主要围绕企业的财务管理要素——资金筹集、资产营运、成本控制、收益分配、信息管理、财务监督，对企业财务管理行为进行规范。企业可根据《企业财务通则》和本企业的实际情况自主决定内部财务管理制度。

一、企业财务管理体制

《企业财务通则》第八条至第十三条要求企业建立权责分明的企业财务管理规范。

（一）财务管理体制

企业实行资本权属清晰、财务关系明确、符合法人治理结构要求的财务管理体制。

企业应当按照国家有关规定建立有效的内部财务管理级次。企业集团公司自行决定集团内部财务管理体制。

（二）建立财务决策制度

企业应当建立财务决策制度，明确决策规则、程序、权限和责任等。法律、行政法规规定，应当通过职工（代表）大会审议或者听取职工、相关组织意见的财务事项，依照其规定执行。

企业应当建立财务决策回避制度。对投资者、经营者个人与企业利益有冲突的财务决策事项，相关投资者、经营者应当回避。

（三）建立财务风险管理制度

企业应当建立财务风险管理制度，明确经营者、投资者及其他相关人员的管理权限和责任，并按照风险与收益均衡、不相容职务分离等原则，控制财务风险。

（四）建立财务预算管理制度

企业应当建立财务预算管理制度，以现金流为核心，按照实现企业价值最大化等财务目标的要求，对资金筹集、资产营运、成本控制、收益分配、重组清算等财务活动，实施全面预算管理。

（五）明确投资者的财务管理职责

投资者的财务管理职责主要包括：

（1）审议批准企业内部财务管理制度、企业财务战略、财务规划和财务预算。

（2）决定企业的筹资、投资、担保、捐赠、重组、经营者报酬、利润分配等重大财务事项。

（3）决定企业聘请或者解聘会计师事务所、资产评估机构等中介机构事项。

（4）对经营者实施财务监督和财务考核。

（5）按照规定向全资或者控股企业委派或者推荐财务总监。

投资者应当通过股东（大）会、董事会或者其他形式的内部机构履行财务管理职责，可以通过企业章程、内部制度、合同约定等方式将部分财务管理职责授予经营者。

（六）明确经营者的财务管理职责

经营者的财务管理职责主要包括：

（1）拟订企业内部财务管理制度、财务战略、财务规划，编制财务预算。

（2）组织实施企业筹资、投资、担保、捐赠、重组和利润分配等财务方案，诚信履行企业偿债义务。

（3）执行国家有关职工劳动报酬和劳动保护的规定，依法缴纳社会保险费、住房公积金等，保障职工合法权益。

（4）组织财务预测和财务分析，实施财务控制。

（5）编制并提供企业财务会计报告，如实反映财务信息和有关情况。

（6）配合有关机构依法进行审计、评估、财务监督等工作。

二、资金筹集

《企业财务通则》第十四条至第二十一条对资金筹集的管理进行了规定。

（一）资金筹集的形式

企业可以接受投资者以货币资金、实物、无形资产、股权、特定债权等形式的出资。其中，特定债权是指企业依法发行的可转换债券、符合有关规定可转作股权的债权等。

企业接受投资者非货币资产出资时，法律、行政法规对出资形式、程序和评估作价等有规定的，依照其规定执行。

企业接受投资者商标权、著作权、专利权及其他专有技术等无形资产出资的，应当符合法律、行政法规规定的比例。

（二）资金筹集的管理

1.控制筹资成本

企业依法以吸收直接投资、发行股份等方式筹集权益资金的，应当拟订筹资方案，确定筹资规模，履行内部决策程序和必要的报批手续，控制筹资成本。

2.验资

企业筹集的实收资本，应当依法委托法定验资机构验资并出具验资报告。

3.向投资者出具出资证明书

企业应当执行国家有关资本管理制度，在获准工商登记后30日内，依据验资报告等向投资者出具出资证明书，确定投资者的合法权益。

4.禁止投资者抽逃或者变相抽回出资

企业筹集的实收资本，在持续经营期间可以由投资者依照法律、行政法规以及企业章程的规定转让或者减少。投资者不得抽逃或者变相抽回出资。

除《公司法》等有关法律、行政法规另有规定外，企业不得回购本企业发行的股份。企业依法回购股份的，应当符合有关条件和财务处理办法，并经投资者决议。

5.实际多缴付出资的管理

对投资者实际缴付的出资超出注册资本的差额（包括股票溢价），企业应当作为资本公积进行管理。

经投资者审议决定后，资本公积可用于转增资本，国家另有规定的，从其规定。

6.从税后利润中提取盈余公积的管理

企业从税后利润中提取的盈余公积包括法定公积金和任意公积金，可以用于弥补企业亏损或者转增资本。法定公积金转增资本后留存企业的部分，以不少于转增前注册资本的25%为限。

7.变更登记

企业增加实收资本或者以资本公积、盈余公积转增实收资本的，由投资者履行财务决策程序后，办理相关财务事项和工商变更登记。

（三）企业取得的财政资金的处理

企业取得的各类财政资金，应区分不同情况进行处理，具体见图1-1。

（四）其他规定

（1）企业依法以借款、发行债券、融资租赁等方式筹集债务资金的，应当明确筹资目的，根据资金成本、债务风险和合理的资金需求，进行必要的资本结构决策，并签订书面合同。

（2）企业筹集资金用于固定资产投资项目的，应当遵守国家产业政策、行业规划、自有资本比例及其他规定。

（3）企业筹集资金，应当按规定核算和使用，并诚信履行合同，依法接受监督。

属于国家直接投资、资本注入的

按照国家有关规定增加国家资本或者国有资本公积

属于投资补助的

增加资本公积或者实收资本。国家拨款时对权属有规定的，按规定执行；
没有规定的，由全体投资者共同享有

属于贷款贴息、专项经费补助的

作为企业收益处理

属于政府转贷、偿还性资助的

作为企业负债管理

属于弥补亏损、救助损失或者其他用途的

作为企业收益处理

图1-1　企业取得的财政资金的处理

三、资产营运

《企业财务通则》第二十二条至第三十五条对企业的资产营运管理做出了明确的规定，具体如表1-3所示。

表 1-3　企业资产营运管理要求

序号	类别	具体要求
1	资产结构管理	企业应当根据风险与收益均衡等原则以及经营需要，确定合理的资产结构，并实施资产结构动态管理
2	内部资金管理	（1）企业应当建立内部资金调度控制制度，明确资金调度的条件、权限和程序，统一筹集、使用和管理资金。企业支付、调度资金时，应当按照内部财务管理制度的规定，依据有效合同、合法凭证，办理相关手续。 （2）企业向境外支付、调度资金应当符合国家有关外汇管理的规定。 （3）企业集团可以实行内部资金集中统一管理，但应当符合国家有关金融管理等法律、行政法规规定，并不得损害成员企业的利益

续表

序号	类别	具体要求
3	应收款项管理	（1）企业应当建立合同的财务审核制度，明确业务流程和审批权限，并实行财务监控。 （2）企业应当加强应收款项的管理，评估客户信用风险，跟踪客户履约情况，落实收账责任，减少坏账损失
4	存货管理	（1）企业应当建立健全存货管理制度，规范存货采购审批、执行程序，并根据合同的约定以及内部审批制度支付货款。 （2）企业选择供货商以及实施大宗采购时，可以采取招标等方式进行
5	固定资产管理	（1）企业应当建立固定资产购建、使用、处置制度。 （2）企业自行选择、确定固定资产折旧办法的，可以征询中介机构、有关专家的意见，并由投资者审议批准。固定资产折旧办法一经选用，不得随意变更。确需变更的，应当说明理由，并经投资者审议批准。 （3）企业购建重要的固定资产、进行重大技术改造时，应当经过可行性研究，并按照内部审批制度履行财务决策程序，落实决策和执行责任。 （4）企业在建工程项目交付使用后，应当在一个年度内办理竣工决算
6	对外投资管理	（1）企业对外投资应当遵守法律、行政法规和国家有关政策的规定，同时还应符合企业发展战略的要求，进行可行性研究，并按照内部审批制度履行批准程序，落实决策和执行的责任。 （2）企业对外投资应当签订书面合同，明确企业投资权益，实施财务监管。依据合同支付投资款项时，应当按照企业内部审批制度执行。 （3）企业向境外投资的，还应当经投资者审议批准，并遵守国家境外投资项目核准和外汇管理等相关规定
7	无形资产管理	（1）企业通过自创、购买、接受投资等方式取得的无形资产，应当依法明确权属，落实有关经营、管理的财务责任。 （2）无形资产出现转让、租赁、质押、授权经营、连锁经营、对外投资等情形时，企业应当签订书面合同，明确双方的权利义务，合理确定交易价格
8	对外担保管理	企业对外担保应当符合法律、行政法规及有关规定，根据被担保单位的资信及偿债能力，按照内部审批制度采取相应的风险控制措施，并设立备查账簿登记，实行跟踪监督
9	对外捐赠管理	企业对外捐赠应当符合法律、行政法规及有关财务规定，制定实施方案，明确捐赠的范围和条件，落实执行责任，严格办理捐赠资产的交接手续
10	理财管理	企业从事期货、期权、证券、外汇交易等业务或者委托其他机构理财，不得影响主营业务的正常开展，并应当签订书面合同，建立交易报告制度，定期对账，控制风险

序号	类别	具体要求
11	代理业务管理	企业从事代理业务,应当严格履行合同,实行代理业务与自营业务分账管理,不得挪用客户资金、互相转嫁经营风险
12	资产损失或者减值准备管理	(1)企业应当建立各项资产损失或者减值准备管理制度。各项资产损失或者减值准备的计提标准,一经选用,不得随意变更。企业在制定计提标准时可以征询中介机构、有关专家的意见。 (2)对计提损失或者减值准备后的资产,企业应当落实监管责任。能够收回或者继续使用以及没有证据证明实际损失的资产,不得核销
13	发生资产损失的管理	(1)企业发生的资产损失,应当及时予以核实、查清责任,追偿损失,并按照规定程序处理。 (2)企业重组中清查出的资产损失,经批准后依次冲减未分配利润、盈余公积、资本公积和实收资本
14	资产处理管理	企业以出售、抵押、置换、报废等方式处理资产时,应当按照国家有关规定和企业内部财务管理制度规定的权限和程序进行。其中,处理主要固定资产涉及企业经营业务调整或者资产重组的,应当根据投资者审议通过的业务调整或者资产重组方案实施
15	关联交易管理	企业发生关联交易的,应当遵守国家有关规定,按照独立企业之间的交易计价结算。投资者或者经营者不得利用关联交易非法转移企业经济利益或者操纵关联企业的利润

四、成本控制

《企业财务通则》第三十六条至第四十六条明确了企业成本控制的要求。

(一)成本控制制度建设

(1)企业应当建立成本控制系统,强化成本预算约束,推行质量成本控制办法,实行成本定额管理、全员管理和全过程控制。

(2)企业应实行费用归口、分级管理和预算控制,并建立必要的费用开支范围、标准和报销审批制度。

(二)研发费用的管理

企业技术研发和科技成果转化项目所需的经费,可以通过建立研发准备金筹措,并据实列入相关资产成本或者当期费用。

符合国家规定条件的企业集团，可以集中使用研发费用，进行企业主导产品和核心技术的自主研发。

（三）可列入资产成本或者当期费用的经费

企业依法实施安全生产、清洁生产、污染治理、地质灾害防治、生态恢复和环境保护等所需经费，应按照国家有关标准列入相关资产成本或者当期费用。

（四）销售费用的管理

（1）企业发生销售折扣、折让以及支付必要的佣金、回扣、手续费、劳务费、提成、返利、进场费、业务奖励等支出的，应当签订相关合同，并履行内部审批手续。

（2）企业开展进出口业务收取或者支付的佣金、保险费、运费，应按照合同规定的价格条件处理。

（3）企业向个人以及非经营单位支付费用的，应当严格履行内部审批及支付手续。

（五）薪酬费用的管理

（1）企业可以根据法律、法规和国家有关规定，对经营者和核心技术人员实行与其他职工不同的薪酬办法，属于本级人民政府及其部门、机构出资的企业，应当将薪酬办法报主管财政机关备案。

（2）企业应当按照劳动合同及国家有关规定支付职工报酬，并为从事高危作业的职工缴纳团体人身意外伤害保险费，所需费用直接作为成本（费用）列支。

（3）经营者可以在工资计划中安排一定金额，对企业技术研发、降低能源消耗、治理"三废"、促进安全生产、开拓市场等作出突出贡献的职工给予奖励。

（六）社会保险费的管理

企业应当依法为职工支付基本医疗、基本养老、失业、工伤等社会保险费，所需费用直接作为成本（费用）列支。

已参加基本医疗、基本养老保险的企业，具有持续盈利能力和支付能力的，可以为职工建立补充医疗保险和补充养老保险，所需费用按照省级以上人民政府规定的比例从成本（费用）中提取。超出规定比例的部分，由职工个人负担。

（七）福利费用的管理

企业为职工缴纳住房公积金以及职工住房货币化分配的财务处理，按照国家有关规定执行。

职工教育经费按照国家规定的比例提取，专项用于企业职工后续职业教育和职业培训。

工会经费按照国家规定比例提取并拨缴工会。

（八）各种行政收费的管理

企业应当依法缴纳行政事业性收费、政府性基金以及使用或者占用国有资源的费用等。

企业对没有法律法规依据或者超过法律法规规定范围和标准的各种摊派、收费、集资，有权拒绝。

（九）不得由企业承担的支出

企业不得承担属于个人的下列支出：
（1）娱乐、健身、旅游、招待、购物、馈赠等支出。
（2）购买商业保险、证券、股权、收藏品等支出。
（3）个人行为导致的罚款、赔偿等支出。
（4）购买住房、支付物业管理费等支出。
（5）应由个人承担的其他支出。

五、收益分配

《企业财务通则》第四十七条至第五十二条对企业的收益分配进行了规定。

（一）收入的范围

投资者、经营者及其他职工履行本企业职务或者以企业名义开展业务所得的收入，包括销售收入以及对方给予的销售折扣、折让、佣金、回扣、手续费、劳务费、提成、返利、进场费、业务奖励等收入，全部属于企业。

（二）年度经营亏损的弥补

企业发生的年度经营亏损，应依照税法的规定弥补。税法规定年限内的税前利润不足弥补的，用以后年度的税后利润弥补，或者经投资者审议后用盈余公积弥补。

（三）年度净利润的分配

企业年度净利润，除法律、行政法规另有规定外，应按照以下顺序分配：

（1）弥补以前年度亏损。

（2）提取10%法定公积金。法定公积金累计额达到注册资本50%以后，可以不再提取。

（3）提取任意公积金。任意公积金提取比例由投资者决议。

（4）向投资者分配利润。

企业以前年度未分配的利润，并入本年度利润，在充分考虑现金流量状况后，再向投资者分配。属于各级人民政府及其部门、机构出资的企业，应当将应付国有利润上缴财政。

国有企业可以将任意公积金与法定公积金合并提取。股份有限公司依法回购后暂未转让或者注销的股份，不得参与利润分配；以回购股份对经营者及其他职工实施股权激励的，在拟订利润分配方案时，应当预留回购股份所需的利润。

（四）无可供分配利润的规定

企业弥补以前年度亏损和提取盈余公积后，当年没有可供分配的利润时，不得向投资者分配利润，但法律、行政法规另有规定的除外。

（五）企业经营者和其他职工参与收益分配的规定

企业经营者和其他职工以管理、技术等要素参与企业收益分配的，应当按照国家有关规定在企业章程或者有关合同中对分配办法作出规定，并区别以下情况处理：

（1）取得企业股权的，与其他投资者一同进行企业利润分配。

（2）没有取得企业股权的，在相关业务实现的利润限额和分配标准内，从当期费用中列支。

六、重组清算

《企业财务通则》第五十三条至第六十条对企业的重组清算进行了规定。

（一）通过改制、产权转让、合并、分立、托管等方式实施重组

企业通过改制、产权转让、合并、分立、托管等方式实施重组时，对涉及资本权益的事项，应当由投资者或者授权机构进行可行性研究，履行内部财务决策程序，并组织开展以下工作：

（1）清查财产，核实债务，委托会计师事务所审计。

（2）制定职工安置方案，听取重组企业职工、职工代表大会的意见或者提交职工代表大会审议。

（3）与债权人协商，制定债务处置或者承继方案。

（4）委托评估机构进行资产评估，并以评估价值作为净资产作价或者折股的参考依据。

（5）拟订股权设置方案和资本重组实施方案，经过审议后履行报批手续。

（二）采取分立方式进行重组

企业采取分立方式进行重组时，应当明晰分立后的企业产权关系。企业划分各项资产、债务以及经营业务，应当按照业务相关性或者资产相关性原则制定分割方案。对不能分割的整体资产，在评估机构评估价值的基础上，经分立各方协商，由拥有整体资产的一方给予他方适当的经济补偿。

（三）采取新设或者吸收方式进行合并重组

企业可以采取新设或者吸收方式进行合并重组。企业合并前的各项资产、债务以及经营业务，应由合并后的企业承继，同时还应明确合并后企业的产权关系以及各投资者的出资比例。

企业合并的资产税收处理应当符合国家有关税法的规定，合并后净资产超出注册资本的部分，应列为资本公积；少于注册资本的部分，应当变更注册资本或者由投资者补足出资。

对资不抵债的企业以承担债务方式合并的，合并方应当制定企业重整措施，并按照合并方案履行偿还债务责任，整合财务资源。

（四）实行托管经营

企业实行托管经营时，应当由投资者决定并签订托管协议，明确托管经营的资产负债状况、托管经营目标、托管资产处置权限以及收益分配办法等，同时落实财务监管措施。

受托企业应当根据托管协议制定相关方案，重组托管企业的资产与债务。未经托管企业投资者同意，不得改组、改制托管企业，不得转让托管企业及转移托管资产、经营业务，不得以托管企业名义或者以托管资产对外担保。

（五）对已占用的国有划拨土地的处理

企业进行重组时，对已占用的国有划拨土地应当根据有关规定进行评估，履行相关手续，并按图1-2所示情况分别处理。

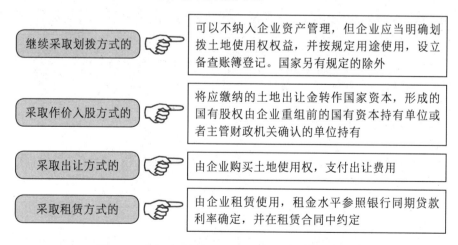

图1-2 重组时对已占用的国有划拨土地的处理方式

企业进行重组时，对已占用的水域、探矿权、采矿权、特许经营权等国有资源，依法可以转让的，应参照已占用的国有划拨土地进行处理。

（六）重组过程中对拖欠职工的费用优先清偿

企业重组过程中，对拖欠职工的工资和医疗、伤残补助、抚恤费用以及欠缴的基本社会保险费、住房公积金，应当以企业现有资产优先清偿。

（七）企业被终止经营清算的规定

企业被责令关闭、依法破产、经营期限届满而终止经营的，或者经投资者决议解散的，应当按照法律、法规和企业章程的规定实施清算。清算财产的变卖底价，应参照资产评估结果确定。国家另有规定的，从其规定。

企业清算结束，应当编制清算报告，并委托会计师事务所审计，报投资者或者人民法院确认后，向相关部门、债权人以及其他的利益相关人进行通告。其中，属于各级人民政府及其部门、机构出资的企业，其清算报告应当报送主管财政机关。

（八）重组、清算中解除职工劳动关系的处理

企业解除职工劳动关系时，按照国家有关规定支付的经济补偿金或者安置费，除正常经营期间发生的列入当期费用以外，应当区别以下情况处理：

（1）企业重组中发生的，依次从未分配利润、盈余公积、资本公积、实收资本中支付。

（2）企业清算时发生的，以企业扣除清算费用后的清算财产优先清偿。

七、信息管理

《企业财务通则》第六十一条至第六十八条对企业的信息管理做出了规定。

（一）财务和业务一体化信息处理系统

（1）企业可以结合自身的经营特点，优化业务流程，建立财务和业务一体化的信息处理系统，逐步实现财务、业务相关信息一次性处理和实时共享。

（2）企业应当逐步创造条件，实行统筹企业资源计划，全面整合和规范财务、业务流程，对企业物流、资金流、信息流进行一体化管理和集成运作。

（二）财务预警机制

企业应当建立财务预警机制，自行确定财务危机警戒标准，重点监测经营性净现金流量与到期债务、企业资产与负债的适配性，及时沟通企业有关财务危机预警的信息，提出解决财务危机的措施和方案。

（三）财务会计报告

（1）企业应当按照有关法律、行政法规和国家统一的会计制度的规定，按时编制财务会计报告，经营者或者投资者不得拖延、阻挠。

（2）企业应当按照规定向主管财政机关报送月份、季度、年度财务会计报告等材料，不得在报送的财务会计报告等材料上作虚假记载或者隐瞒重要事实。主管财政机关应当根据企业的需要提供必要的培训和技术支持。

（3）企业对外提供的年度财务会计报告，应当依法经过会计师事务所审计。国家另有规定的，从其规定。

（四）定期向职工公开的信息

企业应当在年度内定期向职工公开以下信息：

（1）职工劳动报酬、养老、医疗、工伤、住房、培训、休假等信息。

（2）经营者报酬实施方案。

（3）年度财务会计报告审计情况。

（4）企业重组涉及的资产评估及处置情况。

（5）其他依法应当公开的信息。

八、财务监督

《企业财务通则》第六十九条至第七十六条对企业的财务监督工作进行了规定。

（一）企业应接受上级的监督和审计

企业应当依法接受主管财政机关的财务监督和国家审计机关的财务审计。

（二）投资者的监督权利

经营者在经营过程中违反《企业财务通则》有关规定的，投资者可以依法追究经营者的责任。

（三）企业应当建立、健全内部财务监督制度

企业设立监事会或者监事人员的，监事会或者监事人员应依照法律、行政法规、《企业财务通则》和企业章程的规定，履行企业内部财务监督职责。

经营者应当实施内部财务控制，来配合投资者或者企业监事会以及中介机构的检查、审计工作。

（四）企业和企业负有直接责任的主管人员和其他人员的法律责任

（1）企业和企业负有直接责任的主管人员和其他人员有以下行为之一的，县级以上主管财政机关可以责令限期改正、予以警告，有违法所得的，没收违法所得，并可以处以不超过违法所得3倍、但最高不超过3万元的罚款；没有违法所得的，可以处以1万元以下的罚款。

① 违反《企业财务通则》第三十九条、四十条、四十二条第一款、四十三条、四十六条规定列支成本费用的。

② 违反《企业财务通则》第四十七条第一款规定截留、隐瞒、侵占企业收入的。

③ 违反《企业财务通则》第五十条、五十一条、五十二条规定进行利润分配的。但依照《公司法》设立的企业不按本通则第五十条第一款第二项规定提取法定公积金的，应依照《公司法》的规定予以处罚。

④ 违反《企业财务通则》第五十七条规定处理国有资源的。

⑤ 不按《企业财务通则》第五十八条规定清偿职工债务的。

（2）企业和企业负有直接责任的主管人员和其他人员有以下行为之一的，县级以上主管财政机关可以责令限期改正、予以警告。

① 未按《企业财务通则》规定建立健全各项内部财务管理制度的。

② 内部财务管理制度明显与法律、行政法规和通用的企业财务规章制度相抵触，且不按主管财政机关要求修正的。

（3）企业和企业负有直接责任的主管人员和其他人员不按《企业财务通则》第六十四条、第六十五条规定编制、报送财务会计报告等材料的，县级以上主管财政机关可以依照《公司法》《企业财务会计报告条例》的规定予以处罚。

（五）企业违反财政、税收等法律、行政法规的法律责任

企业在财务活动中违反财政、税收等法律、行政法规的，依照《财政违法行为处罚处分条例》（国务院令第427号）及有关税收法律、行政法规的规定予以处理、处罚。

（六）主管财政机关以及政府其他部门、机构有关工作人员的法律责任

主管财政机关以及政府其他部门、机构有关工作人员，在企业财务管理中滥用职权、玩忽职守、徇私舞弊或者泄露国家机密、企业商业秘密的，依法进行处理。

第三节 企业税务法律法规

一、常见税务法律法规

截至2022年1月，我国18个税种中有12个已经立法，加上《中华人民共和国税收征收管理法》，目前有13部税收法律。

（1）《中华人民共和国税收征收管理法》。

（2）《中华人民共和国企业所得税法》。

（3）《中华人民共和国个人所得税法》。

（4）《中华人民共和国车船税法》。

（5）《中华人民共和国环境保护税法》。

（6）《中华人民共和国烟叶税法》。

（7）《中华人民共和国船舶吨税法》。

（8）《中华人民共和国耕地占用税法》。

（9）《中华人民共和国车辆购置税法》。

（10）《中华人民共和国资源税法》。

（11）《中华人民共和国契税法》。

（12）《中华人民共和国城市维护建设税法》。

（13）《中华人民共和国印花税法》于2021年6月10日会议通过，自2022年7月1日起施行。

每年财政部和国家税务总局还会制定很多的补充规定，具体可以查阅国家税务总局的官网。

二、企业税务申报流程

企业税务申报流程如图1-3所示。

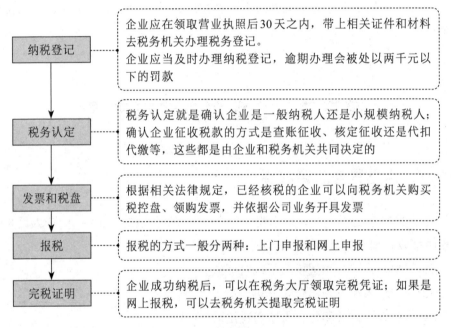

图1-3　企业税务申报流程

第二章

了解会计
知识

引言：

　　作为管理者，不需要成为财务会计的专家或实际操作者，但一定要了解一些基础的会计知识。会计中的一些术语也许很晦涩，但都代表了特定的含义，都能准确简明地反映相关的会计信息。基础的会计知识是了解和从事会计活动的通用语言，也是管理人员阅读和理解财务信息的敲门砖。

第一节　会计工作概述

一、会计工作的对象

会计工作对象是指会计核算和监督的内容。凡是特定主体能够以货币表现的经济活动，都是会计核算和监督的内容，即会计对象。

以货币表现的经济活动，通常又称为价值运动或资金运动。但并不是所有活动都是会计的对象，必须是能以货币表现的生产经营活动才是会计的对象。

企业的资金运动通常表现为资金投入、资金运用（资金的循环和周转）和资金退出三个过程。

（1）资金的投入包括企业所有者（投资者）投入的资金和债权人投入的资金两部分，前者属于企业所有者权益，后者属于企业负债。

（2）资金的运用（资金的循环和周转）包括供应、生产和销售等过程。

（3）资金的退出包括偿还各项债务、缴纳各项税金、向所有者分配利润、经法定程序减少注册资本等，这些资金离开企业，便退出了本企业的资金循环与周转过程。

二、会计工作与其他经营环节的关系

企业会计工作的载体通常包括会计凭证、会计账簿和会计报表。记录公司经营活动的各类信息载体（如发票、工资单、生产运行记录等）是会计编制会计凭证的依据。企业经营活动进入会计工作过程，会计过程产生会计信息，会计信息被决策者在制定决策和采取经济行为时使用，决策者制定的决策和采取的经济行为又会引起经济活动，这就形成了会计工作的循环过程，具体如图2-1所示。

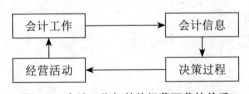

图2-1　会计工作与其他经营环节的关系

三、会计工作的结果

企业生产经营活动通过会计确认、会计计量、会计报告和会计分析等环节后，形成会计工作的结果——财务会计报告和财务分析资料。

财务会计报告是反映企业财务状况和经营成果的书面文件。根据《会计法》第二十条的规定，财务会计报告主要由会计报表、会计报表附注、财务情况说明书组成。

第二节　会计核算的基本要素

会计要素是会计核算对象的基本分类，是构成会计对象具体内容的主要因素。企业的经济业务十分复杂，要想准确核算，就必须将其进行分类处理。

一、会计六大要素

《企业会计准则——基本准则》将会计要素分为资产、负债、所有者权益、收入、费用和利润六类。资产、负债和所有者权益要素侧重于反映企业的财务状况，收入、费用和利润要素侧重于反映企业的经营成果。

（一）资产

资产是指企业过去的交易或事项形成的、由企业拥有或控制的、预期能够给企业带来经济利益的资源。资产按流动性可分为流动资产和非流动资产。

注意：

（1）未来交易或事项可能形成的资产不能确认为资产。

（2）企业对融资租入的固定资产虽然不拥有所有权，但按照实质重于形式的原则，应将其确认为一项固定资产。

（3）预期不能给企业带来经济利益的资产不能作为资产加以确认，如已变质的存货。

（二）负债

负债是指过去的交易、事项形成的、预期会导致经济利益流出企业的现时义务。

注意：

（1）未来交易或事项可能产生的负债不能确认为负债，但或有负债在符合条件时应该确认为预计负债。

（2）负债需要通过到期足额以现金或银行存款清偿，或通过提供资产（劳务）加以清偿。

负债按流动性分为流动负债与非流动负债，在一年（含一年）或超过一年的一个营业周期内偿还的债务属于流动负债，流动负债以外的负债属于非流动负债。

（三）所有者权益

所有者权益又称净资产，是指企业总资产减去总负债后的剩余权益。它代表了企业投资人对企业净资产应该享有的权益。在我国，所有者权益包括实收资本（或股本）、其他权益工具、资本公积、其他资本公积、其他综合收益、盈余公积和未分配利润。其中，盈余公积和未分配利润又合称为留存收益。

注意：

（1）所有者权益是表明企业产权关系的会计要素。

（2）所有者权益与负债有着本质的区别，负债需要偿还，但所有者的投资则不能随便抽走。

（四）收入

收入是指企业获得的利益，来源于企业日常的经营活动，如销售商品、提供劳务及让渡资产使用权等。

特点：

（1）收入是从企业的日常活动中产生的，不包括投资者投入和偶发事件（如政府的补贴、外单位的捐赠等）产生的收入。

（2）收入可能会表现为企业资产的增加或负债的减少，或两者兼而有之。

（3）收入将导致所有者权益增加。

（4）收入只包括本企业经济利益的流入，而不包括为第三方或客户代收的款项。

企业从事持续的、主要的经营活动实现的收入，称为"主营业务收入"，如销售商品形成的收入；企业在主要经营活动以外从事其他业务活动而形成的收入，称为"其他业务收入"，如销售原辅材料或包装物而形成的收入；与企业生产经营活动没有直接关系的各种收入，称为"营业外收入"，如企业处置报废固定资产的收入、与日常活动无关的政府补助、捐赠利得等。

（五）费用

费用是指企业日常生产经营过程中的各种耗费。主要包括营业成本（分为"主营业务成本"和"其他业务成本"）、期间费用（分为管理费用、财务费用和销售费用）和税金及附加，费用的特征如下：

（1）在日常活动中产生，不包括偶发事件产生的损失（营业外支出）。

（2）可能表现为资产的减少或负债的增加，或者二者兼而有之。

（3）会导致所有者权益的减少。

（六）利润

利润是指企业在一定会计期间的经营成果。它是评价企业经营业绩的一项重要指标，也是财务报告使用者进行决策的重要依据。利润可分为营业利润、利润总额和净利润。公司绩效考核中的利润指标通常指的是利润总额。

营业利润＝营业收入－营业成本－期间费用－营业税金及附加－资产减值损失＋投资收益＋公允价值变动收益＋资产处置收益＋其他收益

利润总额＝营业利润＋营业外收入－营业外支出

净利润＝利润总额－所得税费用

二、会计要素间的相互关系——会计恒等式

会计要素之间存在着特定的等量关系，这些等量关系构成了不同的会计等式，而会计等式又是会计报表的框架，所以，有的学者又将会计要素称之为会计报表的要素。会计各要素之间的关系可以用三个等式来表示，即：

资产＝负债＋所有者权益（即：资金运用＝资金来源）

收入−费用＝利润

资产＝负债＋所有者权益（原）＋（收入−费用）

第1个等式可以称为静态等式，反映了企业特定时点的财务状况；第2个等式可以称为动态等式，反映了企业一定时期的经营成果；第3个等式反映了第1个等式和第2等式之间的辩证关系。

三、会计要素、会计科目和会计账户的关系

会计要素是对会计对象按经济性质所作的基本分类，是构成会计对象具体内容的主要因素。

会计科目是按照经济业务的内容和经济管理的要求，对会计要素的具体内容进行分类核算的科目。会计科目按其所提供信息的详细程度及其统驭关系的不同，可分为总分类科目和明细分类科目。

会计账户是根据会计科目开设的，具有一定的结构，用来系统、连续地记载各项经济业务。

会计科目和会计账户的联系在于，会计科目是设置会计账户的依据，是会计账户的名称。会计账户是会计科目的具体运用，会计科目所反映的经济内容就是会计账户所要登记的内容。

第三节　会计科目

会计科目是按照经济业务的内容和经济管理的要求，对会计要素的具体内容进行分类核算的科目。会计科目按其反映的经济内容，可分为资产类、负债类、所有者权益类、成本类和损益类五大科目。《企业会计准则》与《企业会计制度》都对会计科目进行了说明，但两者中科目的名称略有差别。现以《企业会计准则》为基准对企业的常用会计科目分别进行介绍。

一、资产类会计科目

企业资产类主要会计科目及核算说明见表2-1。

表 2-1　资产类主要会计科目及核算说明

序号	科目名称	核算说明
1	库存现金	（1）核算企业的库存现金，企业有内部周转使用备用金的，可以单独设置"备用金"科目 （2）企业应当设置"库存现金日记账"，由出纳人员根据收付款凭证，按照业务发生顺序逐笔登记，每日终了，应当计算当日的现金收入合计额、现金支出合计额和结余额，将结余额与实际库存额核对，做到账款相符 （3）有外币现金的企业，还应当分别按照人民币和外币进行明细核算
2	银行存款	（1）核算企业存入银行或其他金融机构的各种款项 （2）企业应当按照开户银行和其他金融机构、存款种类等设置"银行存款日记账"，由出纳人员根据收付款凭证，按照业务的发生顺序逐笔登记，每日终了，应结出余额 （3）"银行存款日记账"应定期与"银行对账单"核对，至少每月核对一次，银行存款账面余额与银行对账单余额之间如有差额，应编制"银行存款余额调节表"调节相符 （4）有外币银行存款的企业，还应当分别按照人民币和外币进行明细核算
3	其他货币资金	（1）核算企业的银行汇票存款、银行本票存款、信用卡存款、信用证保证金存款、外埠存款、备用金等其他货币资金 （2）应按照银行汇票或本票、信用卡发放银行、信用证的收款单位，外埠存款的开户银行，分为"银行汇票""银行本票""信用卡""信用证保证金""外埠存款"等进行明细核算
4	应收票据	（1）核算企业因销售商品（产成品或材料，下同）、提供劳务等日常生产经营活动而收到的商业汇票（银行承兑汇票和商业承兑汇票） （2）应按照开出、承兑商业汇票的单位进行明细核算 （3）企业应当设置"应收票据备查簿"，逐笔登记商业汇票的种类、号数和出票日、票面金额、交易合同号和付款人、承兑人、背书人的姓名或单位名称、到期日、背书转让日、贴现日、贴现率和贴现净额以及收款日期和收回金额、退票情况等资料，商业汇票到期结清票款或退票后，在备查簿中应予注销

序号	科目名称	核算说明
5	交易性金融资产	（1）核算企业为交易目的所持有的债券投资、股票投资、基金投资等交易性金融资产的公允价值。企业持有的直接指定为以公允价值计量且其变动计入当期损益的金融资产，也在本科目核算 （2）企业（金融）接受委托采用全额承购包销、余额承购包销方式承销的证券，应在收到证券时将其进行分类。划分为以公允价值计量且其变动计入当期损益的金融资产的，应在本科目核算；划分为可供出售金融资产的，应在"可供出售金融资产"科目核算。衍生金融资产在"衍生工具"科目核算 （3）可按交易性金融资产的类别和品种，分别"成本""公允价值变动"等进行明细核算。
6	应收股利	（1）核算企业应收取的现金股利或利润 （2）应按照被投资单位进行明细核算
7	应收利息	（1）核算企业债券投资应收取的利息 （2）购入的一次还本付息债券投资持有期间的利息收入，在"长期债券投资"科目核算，不在本科目核算 （3）应按照被投资单位进行明细核算
8	应收账款	（1）核算企业因销售商品、提供劳务等日常生产经营活动应收取的款项 （2）应按照对方单位（或个人）进行明细核算
9	其他应收款	（1）核算企业除应收票据、应收账款、预付账款、应收股利、应收利息等以外的其他各种应收及暂付款项，包括各种应收的赔款、应向职工收取的各种垫付款项等。企业出口产品或商品按照税法规定应予退回的增值税款，也通过本科目核算 （2）应按照对方单位（或个人）进行明细核算
10	坏账准备	（1）核算企业应收款项的坏账准备 （2）可按应收款项的类别进行明细核算
11	预付账款	（1）核算企业按照合同规定预付的款项包括：根据合同规定预付的购货款、租金、工程款等预付款项情况不多的企业，也可以不设置本科目，将预付的款项直接记入"应付账款"科目借方，企业进行在建工程预付的工程价款，也通过本科目核算 （2）应按照对方单位（或个人）进行明细核算
12	材料采购	（1）核算企业采用计划成本进行材料日常核算、购入材料的采购成本 （2）采用实际成本进行材料日常核算的，购入材料的采购成本，在"在途物资"科目核算

续表

序号	科目名称	核算说明
12	材料采购	（3）委托外单位加工材料、商品的加工成本，在"委托加工物资"科目核算 （4）应按照供应单位和材料品种进行明细核算
13	在途物资	（1）核算企业采用实际成本进行材料、商品等物资的日常核算、尚未到达或尚未验收入库的各种物资的实际采购成本 （2）企业（批发业、零售业）在购买商品过程中发生的费用（如运输费、装卸费、包装费、保险费、运输途中的合理损耗和入库前的挑选整理费等），在"销售费用"科目核算，不在本科目核算 （3）应按照供应单位和物资品种进行明细核算
14	原材料	（1）核算企业库存的各种材料包括：原料及主要材料、辅助材料、外购半成品（外购件）、修理用备件（备品备件）、包装材料、燃料等的实际成本或计划成本 （2）购入的工程用材料，在"工程物资"科目核算，不在本科目核算 （3）应按照材料的保管地点（仓库）、材料的类别、品种和规格等进行明细核算
15	周转材料	（1）核算企业库存的周转材料的实际成本或计划成本，包括包装物、低值易耗品，以及企业（建筑业）的钢模板、木模板、脚手架等 （2）各种包装材料，如纸、绳、铁丝、铁皮等，应在"原材料"科目内核算；用于储存和保管产品、材料而不对外出售的包装物，应按照价值大小和使用年限长短，分别在"固定资产"科目或本科目核算
16	材料成本差异	（1）核算企业采用计划成本进行日常核算的材料计划成本与实际成本的差额 （2）企业也可以在"原材料""周转材料"等科目设置"成本差异"明细科目 （3）可以分别"原材料""周转材料"等，按照类别或品种进行明细核算
17	库存商品	（1）核算企业库存的各种商品的实际成本或售价，包括库存产成品、外购商品、存放在门市部准备出售的商品、发出展览的商品以及寄存在外的商品等 （2）接受来料加工制造的代制品和为外单位加工修理的代修品，在制造和修理完成验收入库后，视同企业的产成品，也通过本科目核算 （3）可以降价出售的不合格品，也在本科目核算，但应与合格产品分开记账

序号	科目名称	核算说明
17	库存商品	（4）已经完成销售手续，但购买单位在月末未提取的库存产成品，应作为代管产品处理，单独设置代管产品备查簿，不在本科目核算 （5）企业（农、林、牧、渔业）可将本科目改为"农产品"科目 （6）企业（批发业、零售业）在购买商品过程中发生的费用（如运输费、装卸费、包装费、保险费、运输途中的合理损耗和入库前的挑选整理费等），在"销售费用"科目核算，不在本科目核算 （7）应按照库存商品的种类、品种和规格等进行明细核算
18	商品进销差价	（1）核算企业采用售价进行日常核算的商品售价与进价之间的差额 （2）应按照库存商品的种类、品种和规格等进行明细核算
19	委托加工物资	（1）核算企业委托外单位加工的各种材料、商品等物资的实际成本 （2）应按照加工合同、受托加工单位以及加工物资的品种等进行明细核算
20	消耗性生物资产	（1）核算企业（农、林、牧、渔业）持有的消耗性生物资产的实际成本 （2）应按照消耗性生物资产的种类、群别等进行明细核算
21	发出商品	（1）核算企业未满足收入确认条件但已发出商品的实际成本（或进价）或计划成本（或售价）。采用支付手续费方式委托其他单位代销的商品，也可以单独设置"委托代销商品"科目 （2）可按购货单位、商品类别和品种进行明细核算
22	存货跌价准备	（1）核算企业存货的跌价准备 （2）可按存货项目或类别进行明细核算
23	持有至到期投资	（1）核算企业持有至到期投资的摊余成本 （2）可按持有至到期投资的类别和品种，分别"成本""利息调整""应计利息"等进行明细核算
24	持有至到期投资减值准备	（1）核算企业持有至到期投资的减值准备 （2）可按持有至到期投资类别和品种进行明细核算
25	其他权益工具投资	（1）核算企业对外不构成控制、共同控制、重大影响，且非交易性目的的权益性投资 （2）可按其他权益工具投资的类别和品种，分别"成本""公允价值变动"等进行明细核算
26	长期股权投资	（1）核算企业准备长期持有的权益性投资 （2）应按照被投资单位进行明细核算

续表

序号	科目名称	核算说明
27	长期股权投资减值准备	（1）本科目核算企业长期股权投资的减值准备 （2）本科目可按被投资单位进行明细核算
28	投资性房地产	（1）核算企业采用成本模式计量的投资性房地产的成本。企业采用公允价值模式计量投资性房地产的，也通过本科目核算 （2）可按投资性房地产类别和项目进行明细核算。采用公允价值模式计量的投资性房地产，还应当分别"成本"和"公允价值变动"进行明细核算
29	长期应收款	（1）核算企业的长期应收款项，包括融资租赁产生的应收款项、采用递延方式具有融资性质的销售商品和提供劳务等产生的应收款项等。实质上构成对被投资单位净投资的长期权益，也通过本科目核算 （2）可按债务人进行明细核算
30	未实现融资收益	（1）核算企业分期计入租赁收入或利息收入的未实现融资收益 （2）可按未实现融资收益项目进行明细核算
31	固定资产	（1）核算企业固定资产的原价（成本） （2）企业应当根据《企业会计准则》规定的固定资产标准，结合本企业的具体情况，制定固定资产目录，作为核算依据 （3）企业购置计算机硬件所附带的、未单独计价的软件，也通过本科目核算 （4）企业临时租入的固定资产和以经营租赁租入的固定资产，应另设备查簿进行登记，不在本科目核算 （5）应按照固定资产类别和项目进行明细核算 （6）企业根据实际情况设置"固定资产登记簿"和"固定资产卡片"
32	累计折旧	（1）核算企业固定资产的累计折旧 （2）可以进行总分类核算，也可以进行明细核算 （3）需要查明某项固定资产的已计提折旧，可以根据"固定资产卡片"上所记载的该项固定资产原价、折旧率和实际使用年数等资料进行计算
33	固定资产减值准备	（1）核算企业固定资产的减值准备 （2）资产负债表日，固定资产发生减值的，按应减记的金额，借记"资产减值损失"科目，贷记本科目。处置固定资产还应同时结转减值准备
34	工程物资	（1）核算企业为在建工程准备的各种物资的成本，包括工程用材料、尚未安装的设备以及为生产准备的工器具等 （2）应按照"专用材料""专用设备""工器具"等进行明细核算

序号	科目名称	核算说明
35	在建工程	（1）核算企业需要安装的固定资产、固定资产新建工程、改扩建等所发生的成本 （2）企业购入不需要安装的固定资产，在"固定资产"科目核算，不在本科目核算 （3）企业已提足折旧的固定资产的改建支出和经营租入固定资产的改建支出，在"长期待摊费用"科目核算，不在本科目核算 （4）应按照在建工程项目进行明细核算
36	固定资产清理	（1）核算企业因出售、报废、毁损、对外投资等原因处置固定资产所转出的固定资产账面价值以及在清理过程中发生的费用等 （2）应按照被清理的固定资产项目进行明细核算
37	生产性生物资产	（1）核算企业（农、林、牧、渔业）持有的生产性生物资产的原价（成本） （2）应按照"未成熟生产性生物资产"和"成熟生产性生物资产"，分别生物资产的种类、群别等进行明细核算
38	生产性生物资产累计折旧	（1）核算企业（农、林、牧、渔业）成熟生产性生物资产的累计折旧 （2）应按照生产性生物资产的种类、群别等进行明细核算
39	无形资产	（1）核算企业持有的无形资产成本 （2）应按照无形资产项目进行明细核算
40	累计摊销	（1）核算企业对无形资产计提的累计摊销 （2）应按照无形资产项目进行明细核算
41	无形资产减值准备	（1）核算企业无形资产的减值准备 （2）可按无形资产项目进行明细核算
42	商誉	（1）核算企业合并中形成的商誉价值 （2）商誉发生减值的，可以单独设置"商誉减值准备"科目，比照"无形资产减值准备"科目进行处理
43	长期待摊费用	（1）核算企业已提足折旧的固定资产的改建支出、经营租入固定资产的改建支出、固定资产的大修理支出和其他长期待摊费用等 （2）应按照支出项目进行明细核算
44	递延所得税资产	（1）核算企业确认的可抵扣暂时性差异产生的递延所得税资产 （2）应按可抵扣暂时性差异等项目进行明细核算。根据税法规定可用以后年度税前利润弥补的亏损及税款抵减产生的所得税资产，也在本科目核算

续表

序号	科目名称	核算说明
45	待处理财产损溢	（1）核算企业在清查财产过程中查明的各种财产盘盈、盘亏和毁损的价值 （2）所采购物资在运输途中因自然灾害等发生的损失或尚待查明的损耗，也通过本科目核算 （3）应按照待处理流动资产损溢和待处理非流动资产损溢进行明细核算

二、负债类会计科目

企业负债类主要会计科目及核算说明见表2-2。

表 2-2 负债类主要会计科目及核算说明

序号	科目名称	核算说明
1	短期借款	（1）核算企业向银行或其他金融机构等借入的期限在1年内的各种借款 （2）应按照借款种类、贷款人和币种进行明细核算
2	交易性金融负债	（1）核算企业承担的交易性金融负债的公允价值。企业持有的直接指定为以公允价值计量且其变动计入当期损益的金融负债，也在本科目核算。衍生金融负债在"衍生工具"科目核算 （2）可按交易性金融负债类别，分别"本金""公允价值变动"等进行明细核算
3	应付票据	（1）核算企业因购买材料、商品和接受劳务等日常生产经营活动开出、承兑的商业汇票（银行承兑汇票和商业承兑汇票） （2）应按照债权人进行明细核算 （3）企业应当设置"应付票据备查簿"，详细登记商业汇票的种类、号数和出票日期、到期日、票面金额、交易合同号和收款人姓名或单位名称以及付款日期和金额等资料，商业汇票到期结清票款后，在备查簿中应予注销
4	应付账款	（1）核算企业因购买材料、商品和接受劳务等日常生产经营活动应支付的款项 （2）应按照对方单位（或个人）进行明细核算
5	预收账款	（1）核算企业按照合同规定预收的款项，包括预收的购货款、工程款等 （2）预收账款情况不多的，也可以不设置本科目，将预收的款项直接记入"应收账款"科目贷方 （3）应按照对方单位（或个人）进行明细核算

续表

序号	科目名称	核算说明
6	代理业务负债/代理商品款	（1）核算企业不承担风险的代理业务收到的款项，包括受托投资资金、受托贷款资金等。企业采用收取手续费方式收到的代销商品款，可将本科目改为"2314受托代销商品款"科目 （2）可按委托单位、资产管理类别（如定向、集合和专项资产管理业务）等进行明细核算
7	应付职工薪酬	（1）核算企业根据有关规定应付给职工的各种薪酬 （2）企业（外商投资）按规定从净利润中提取的职工奖励及福利基金，也通过本科目核算 （3）应按照"职工工资""奖金、津贴和补贴""职工福利费""社会保险费""住房公积金""工会经费""职工教育经费""非货币性福利""辞退福利"等进行明细核算
8	应付股利	（1）核算企业分配的现金股利或利润 （2）可按投资者进行明细核算
9	应交税费	（1）核算企业按照税法等规定计算应交纳的各种税费，包括增值税、消费税、城市维护建设税、企业所得税、资源税、土地增值税、城镇土地使用税、房产税、车船税和教育费附加、矿产资源补偿费、排污费等 （2）企业代扣代缴的个人所得税等，也通过本科目核算 （3）应按照应交的税费项目进行明细核算 （4）应交增值税还应当分别"进项税额""销项税额""出口退税""进项税额转出""已交税金"等设置专栏 （5）小规模纳税人只需设置"应交增值税"明细科目，不需要在"应交增值税"明细科目中设置上述专栏
10	应付利息	（1）核算企业按照合同约定应支付的利息费用 （2）应按照贷款人等进行明细核算
11	其他应付款	（1）核算企业除应付账款、预收账款、应付职工薪酬、应交税费、应付利息、应付利润等以外的其他各项应付、暂收的款项，如应付租入固定资产和包装物的租金、存入保证金等 （2）应按照其他应付款的项目和对方单位（或个人）进行明细核算
12	预计负债	（1）核算企业确认的对外提供担保、未决诉讼、产品质量保证、重组义务、亏损性合同等预计负债 （2）可按形成预计负债的交易或事项进行明细核算
13	递延收益	（1）核算企业已经收到、应在以后期间计入损益的政府补助 （2）应按照相关项目进行明细核算
14	长期借款	（1）核算企业向银行或其他金融机构借入的期限在1年以上的各项借款本金 （2）应按照借款种类、贷款人和币种进行明细核算

续表

序号	科目名称	核算说明
15	应付债券	（1）核算企业为筹集（长期）资金而发行债券的本金和利息。企业发行的可转换公司债券，应将负债和权益成分进行分拆，分拆后形成的负债成分在本科目核算 （2）可按"面值""利息调整""应计利息"等进行明细核算
16	长期应付款	（1）核算企业除长期借款以外的其他各种长期应付款项，包括应付融资租入固定资产的租赁费、以分期付款方式购入固定资产发生的应付款项等 （2）应按照长期应付款的种类和债权人进行明细核算
17	专项应付款	（1）核算企业取得政府作为企业所有者投入的具有专项或特定用途的款项 （2）可按资本性投资项目进行明细核算
18	递延所得税负债	（1）核算企业确认的应纳税暂时性差异产生的所得税负债 （2）可按应纳税暂时性差异的项目进行明细核算

三、所有者权益类会计科目

企业所有者权益类主要会计科目及核算说明见表2-3。

表 2-3　所有者权益类主要会计科目及核算说明

序号	科目名称	核算说明
1	实收资本	（1）核算企业收到投资者按照合同（协议）约定或相关规定投入的、构成注册资本的部分 （2）企业（股份有限公司）应当将本科目的名称改为"股本"科目 （3）企业收到投资者出资超过其在注册资本中所占份额的部分，应作为资本溢价，在"资本公积"科目核算，不在本科目核算 （4）应按照投资者进行明细核算 （5）企业（中外合作经营）根据合同规定在合作期间归还投资者的投资，应在本科目设置"已归还投资"明细科目进行核算
2	资本公积	核算企业收到投资者出资超出其在注册资本中所占份额的部分
3	盈余公积	（1）核算企业（公司制）按照公司法规定在税后利润中提取的法定盈余公积和任意盈余公积 （2）企业（外商投资）按照法律规定在税后利润中提取的储备基金和企业发展基金也在本科目核算 （3）应当分别按照"法定盈余公积""任意盈余公积"进行明细核算 （4）企业（外商投资）还应当按照"储备基金""企业发展基金"进行明细核算

序号	科目名称	核算说明
3	盈余公积	（5）企业（中外合作经营）根据合同规定在合作期间归还投资者的投资，应在本科目设置"利润归还投资"明细科目进行核算
4	本年利润	核算企业当期实现的净利润（或发生的净亏损）
5	利润分配	（1）核算企业利润的分配（或亏损的弥补）和历年分配（或弥补）后的余额 （2）应按照"应付利润""未分配利润"等进行明细核算
6	库存股	核算企业收购、转让或注销的本公司股份金额。本科目期末借方余额，反映企业持有尚未转让或注销的本公司股份金额

四、成本类会计科目

企业成本类主要会计科目及核算说明见表2-4。

表2-4　成本类主要会计科目及核算说明

序号	科目名称	核算说明
1	生产成本	（1）核算企业进行工业性生产发生的各项生产成本，包括生产各种产品（产成品、自制半成品等）、自制材料、自制工具、自制设备等 （2）企业对外提供劳务发生的成本，可将本科目改为"劳务成本"科目，或单独设置"劳务成本"科目进行核算 （3）可按照基本生产成本和辅助生产成本进行明细核算
2	制造费用	（1）核算企业生产车间（部门）为生产产品和提供劳务而发生的各项间接费用 （2）企业经过1年期以上的制造才能达到预定可销售状态的产品发生的借款费用，也在本科目核算 （3）企业行政管理部门为组织和管理生产经营活动而发生的管理费用，在"管理费用"科目核算，不在本科目核算 （4）应按照不同的生产车间、部门和费用项目进行明细核算
3	劳务成本	（1）核算企业对外提供劳务发生的成本。企业（证券）在为上市公司进行承销业务发生的各项相关支出，可将本科目改为"待转承销费用"科目，并按照客户进行明细核算 （2）可按提供劳务种类进行明细核算
4	研发支出	（1）核算企业进行研究与开发无形资产过程中发生的各项支出 （2）应按照研究开发项目，分为"费用化支出""资本化支出"进行明细核算

五、损益类会计科目

企业损益类主要会计科目及核算说明见表2-5。

表 2-5　损益类主要会计科目及核算说明

序号	科目名称	核算说明
1	主营业务收入	（1）核算企业确认的销售商品或提供劳务等主营业务的收入 （2）应按照主营业务的种类进行明细核算
2	其他业务收入	（1）核算企业确认的除主营业务活动以外的其他日常生产经营活动实现的收入，包括出租固定资产、出租无形资产、销售材料等实现的收入 （2）应按照其他业务收入种类进行明细核算
3	投资收益	（1）核算企业确认的投资收益或投资损失 （2）应按照投资项目进行明细核算
4	公允价值变动损益	（1）核算企业交易性金融资产、交易性金融负债，以及采用公允价值模式计量的投资性房地产、衍生工具、套期保值业务等公允价值变动形成的应计入当期损益的利得或损失 （2）可按交易性金融资产、交易性金融负债、投资性房地产等进行明细核算
5	营业外收入	（1）核算企业发生的各项营业外收入，主要包括非流动资产处置利得、非货币性资产交换利得、债务重组利得、政府补助、盘盈利得、捐赠利得等 （2）可按营业外收入项目进行明细核算
6	主营业务成本	（1）核算企业确认销售商品或提供劳务等主营业务收入应结转的成本 （2）应按照主营业务的种类进行明细核算
7	其他业务成本	（1）核算企业确认的除主营业务活动以外的其他日常生产经营活动所发生的支出，包括销售材料的成本、出租固定资产的折旧费、出租无形资产的摊销额等 （2）应按照其他业务成本的种类进行明细核算
8	营业税金及附加	（1）核算企业开展日常生产经营活动应负担的消费税、营业税、城市维护建设税、资源税、土地增值税、城镇土地使用税、房产税、车船税、印花税和教育费附加、矿产资源补偿费、排污费等相关税费 （2）与最终确认营业外收入或营业外支出相关的税费，在"固定资产清理""无形资产"等科目核算，不在本科目核算 （3）应按照税费种类进行明细核算

续表

序号	科目名称	核算说明
9	销售费用	（1）核算企业在销售商品或提供劳务过程中发生的各种费用，包括销售人员的职工薪酬、商品维修费、运输费、装卸费、包装费、保险费、广告费和业务宣传费、展览费等费用 （2）企业（批发业、零售业）在购买商品过程中发生的费用（包括运输费、装卸费、包装费、保险费、运输途中的合理损耗和入库前的挑选整理费等），也在本科目核算 （3）应按照费用项目进行明细核算
10	管理费用	（1）核算企业为组织和管理生产经营发生的其他费用，包括企业在筹建期间内发生的开办费、行政管理部门发生的费用（如固定资产折旧费、修理费、办公费、水电费、差旅费、管理人员的职工薪酬等）、业务招待费、研究费用、技术转让费、相关长期待摊费用摊销、财产保险费、聘请中介机构费、咨询费（含顾问费）、诉讼费等费用 （2）企业（批发业、零售业）管理费用不多的，可不设置本科目，本科目的核算内容可并入"销售费用"科目核算 （3）应按照费用项目进行明细核算
11	财务费用	（1）核算企业为筹集生产经营所需资金发生的筹资费用，包括利息费用（减利息收入）、汇兑损失、银行相关手续费、企业给予的现金折扣（减享受的现金折扣）等费用 （2）企业为购建固定资产、无形资产和经过1年期以上的制造才能达到预定可销售状态的存货发生的借款费用，在"在建工程""研发支出""制造费用"等科目核算，不在本科目核算
12	资产减值损失	（1）核算企业计提各项资产减值准备所形成的损失 （2）可按资产减值损失的项目进行明细核算
13	营业外支出	（1）核算企业发生的各项营业外支出，包括非流动资产处置损失、非货币性资产交换损失、债务重组损失、公益性捐赠支出、非常损失、盘亏损失等 （2）可按支出项目进行明细核算
14	所得税费用	（1）核算企业根据企业所得税法确定的应从当期利润总额中扣除的所得税费用 （2）企业根据企业所得税法规定补交的所得税，也通过本科目核算 （3）企业按照规定实行企业所得税先征后返的，实际收到返还的企业所得税，在"营业外收入"科目核算，不在本科目核算
15	以前年度损益调整	核算企业本年度发生的调整以前年度损益的事项以及本年度发现的重要前期差错更正涉及调整以前年度损益的事项。企业在资产负债表日至财务报告批准报出日之间发生的需要调整报告年度损益的事项，也可以通过本科目核算

第四节　会计凭证

会计凭证是记录经济业务、明确经济责任、按一定格式编制。据以登记会计账簿的书面证明。会计凭证按其编制程序和用途的不同，可分为原始凭证和记账凭证。

一、原始凭证

会计人员接到的第一手票据，比如，收到的银行存款单据、报销的费用发票、借据或者欠据、工资单、入库单、出库单等，都是原始凭证。

原始凭证按其来源可分为外来原始凭证和自制原始凭证，自制原始凭证按其填制手续的不同可分为一次凭证和累计凭证。

取得原始凭证的要求：

（1）支付外单位款项时，原始凭证必须盖有收款单位的财务专用章或发票专用章。

（2）支付个人款项时，原始凭证必须有收款人的签字，特殊情况下还应附有收款人的证件复印件。

（3）取得外部原始凭证时，必须有相关经办人的签字，并保证业务内容真实、合法、完整、准确。

（4）遗失外部原始凭证时，应取得原开具单位盖有财务专用章的证明，并注明原来凭证的号码、金额和内容等，另注明"此为补开单据，注意重付"字样，经单位负责人审批后，代作原始凭证。

（5）遗失外部原始凭证无法证明的，如火车票、机票等，由经办人写明具体情况，经单位负责人审批后，代作原始凭证。

（6）发生销售退回时，除按规定开具红字发票外，退款时必须取得对方的收款收据或汇款证明作为原始凭证，不得只以红字发票代替。

（7）原始凭证需要单独保存或另有用途的，如有关押金、收据、合同等，应在原始凭证复制件上加以注明。

二、记账凭证

根据原始凭证记录经济业务时使用的凭证，叫记账凭证。

（一）记账凭证的分类

记账凭证按其反映的经济内容，可分为收款凭证、付款凭证和转账凭证。图2-2是对记账凭证的具体说明。

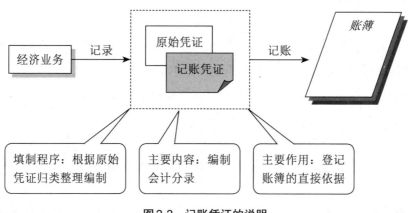

图2-2　记账凭证的说明

（二）记账凭证的内容

记账凭证必须具备以下内容：

（1）填制单位的名称。

（2）记账凭证的名称。

（3）记账凭证的编号。

（4）编制凭证的日期。

（5）经济业务的内容摘要。

（6）会计科目（包括一级、二级和三级明细科目）的名称、金额。

（7）所附原始凭证的张数。

（8）填证、审核、记账、会计主管等有关人员的签章，收款凭证和付款凭证还应由出纳员签名或盖章。

记账凭证的内容说明如图2-3所示。

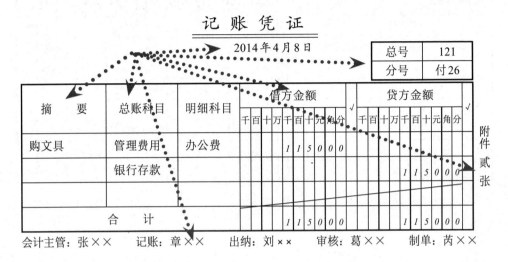

图2-3 记账凭证的内容说明

第五节 会计账簿

会计账簿简称账簿，由具有一定格式、相互联系的账页组成，是用来序时、分类地全面记录一个企业、单位经济业务事项的会计簿籍。

一、现金日记账

现金日记账是用来逐日反映库存现金的收入、付出及结余情况的特种日记账，如表2-6所示。它是由单位出纳人员根据审核无误的现金收、付款凭证和从银行提现的银付凭证逐笔进行登记的。为了确保账簿的安全、完整，现金日记账必须采用订本式账簿。

表2-6　现金日记账

20××年度　　　　　　　　　　　　　　　　　　　　　　　　　　　第1页

××年		凭证		摘要	对方科目	收入										支出										余额									
年	日	字	号			千	百	十	万	千	百	十	元	角	分	千	百	十	万	千	百	十	元	角	分	千	百	十	万	千	百	十	元	角	分
4	1			月初余额																								4	0	0	0	0	0
	2	收	2	零售收现	主营业务收入					8	0	0	0	0														4	8	0	0	0	0
		付	3	预支差旅费	其他应收款															4	0	0	0	0				4	4	0	0	0	0
		付	4	付困难补助	应付福利费															6	0	0	0	0				3	8	0	0	0	0
		付	11	购办公品	管理费用														1	3	6	0	0	0				2	4	4	0	0	0
4	2			本日小计						8	0	0	0	0					2	3	6	0	0	0				3	2	4	0	0	0
				……	……																														
				本月合计				2	2	6	8	0	0	0				1	2	0	8	0	0	0				1	4	6	0	0	0	0

一般企业只设1本现金日记账。但如果有外币业务，则应就不同的币种分设现金日记账。

二、银行存款日记账

银行存款日记账是专门用来记录银行存款收支业务的特种日记账。

企业一般应根据每个银行账号单独设立一本账。如果企业只有一个基本账户，则应设1本银行存款日记账。

银行存款日记账必须采用订本式账簿，其账页格式一般采用由"收入"（借方）、"支出"（贷方）和"余额"组成的三栏式结构，如表2-7所示。

表2-7　银行存款日记账

年		凭证编号	结算方式		摘要	收入										√	支出										√	余额									
年	日		类	号码		千	百	十	万	千	百	十	元	角	分		千	百	十	万	千	百	十	元	角	分		千	百	十	万	千	百	十	元	角	分

银行存款日记账通常也是由出纳人员根据审核后的有关银行存款收、付款凭证，逐日逐笔顺序登记的。登记银行存款日记账时必须做到：反映经济业务的完整内容，登记账目及时，凭证齐全，账证相符，数字真实、准确，书写工整，摘要清楚明了，便于查阅，不重记，不漏记，不错记，按期结算，不拖延积压，按规定方法更正错账，从而使账目既能明确经济责任，又清晰美观。

三、总分类账

总分类账简称总账，是根据总分类科目开设的账户，用来登记全部经济业务、进行总分类核算、提供总括核算资料。总分类账所提供的核算资料，是编制会计报表的主要依据，任何单位都必须设置总分类账。

总分类账一般采用订本式账簿，账页格式通常采用由"借方""贷方""余额"组成的三栏式结构，根据实际需要，也可以在"借方""贷方"两栏内增设"对方科目"栏，常见格式见表2-8、表2-9。

一般企业只设1本总分类账。根据单位业务量的大小，企业可以选择购买100页的或200页的总分类账。总分类账包含了企业所设置的全部账户的总括信息。

表 2-8　总分类账（一）

总第_____页
分第_____页
会计科目或编号_____

年		凭证		摘要	借方									√	贷方									√	借或贷	余额									√
年	日	字	号		千	百	十	万	千	百	十	元	角	分		千	百	十	万	千	百	十	元	角	分			千	百	十	万	千	百	十	元	角	分	

表 2-9　总分类账（二）

账户名称：　　　　　　　　　　　　　　　　　　　　　　　　　　　　第＿＿页

年		凭证		摘　要	借方金额	贷方金额	借或贷	余　额
月	日	字	号					

四、明细分类账

明细分类账是按照明细科目开设的、用来分类登记某一类经济业务、提供明细核算资料的分类账户。明细账的格式应根据各单位经营业务的特点和管理需要来确定，常用的格式主要有：

（一）三栏式明细账

三栏式明细账适用于只需进行金额明细核算，而不需要进行数量核算的账户。如债权、债务等结算账户。通常设有"借""贷""余"三个基本栏次，如表 2-10 所示。

表 2-10　明细分类账（一）

总第＿＿＿＿＿页

分第＿＿＿＿＿页

会计科目或编号＿＿＿＿＿＿

年		凭证		摘要	收入（借方）金额									√	付出（贷方）金额									√	借或贷	结存余额									√
年	日	字	号		千	百	十	万	千	百	十	元	角	分		千	百	十	万	千	百	十	元	角	分			千	百	十	万	千	百	十	元	角	分	

（二）数量金额式明细账

数量金额式明细账在"借方（收入）""贷方（付出）""余额（结存）"三大栏内分别设有"数量""单价""金额"三个小栏，如表2-11所示。一般适用于既要进行金额核算又要进行实物数量核算的账户，如原材料、库存商品等。

表 2-11　明细分类账（二）

总第＿＿＿＿＿页
分第＿＿＿＿＿页
会计科目或编号＿＿＿＿＿＿＿

年		凭证		摘要	收入（借方）											√	付出（贷方）											√	借或贷	结存											√
年	日	字	号		数量	单价	金额										数量	单价	金额												数量	单价	金额									
							百	十	万	千	百	十	元	角	分				百	十	万	千	百	十	元	角	分					百	十	万	千	百	十	元	角	分	

（三）多栏式明细账

多栏式明细账是根据管理需要，在一张账页内不仅按"借""贷""余"三部分设立金额栏，还要按明细科目在借方或贷方设立许多金额栏，以集中反映有关明细项目的核算资料，这种格式的明细账适用于"生产成本""制造费用""销售费用""管理费用""主营业务收入"等账户的明细核算，如表2-12所示。

表 2-12　××明细账

第＿＿＿页

年		凭证		摘要	借方	贷方	借或贷	余额	（ ）方分析
月	日	字	号						

此外，本年利润的形成和分配类科目以及"应交税费——应交增值税"等科目，需采用借贷双方均为多栏式的明细账如表2-13所示。

表 2-13　应交税费——应交增值税明细账

年		凭证		摘要	借方			贷方				借或贷	余额
月	日	字	号		合计	进项税额	已交税金	合计	销项税额	出口退税	进项税额转出		

（四）平行式明细账

平行式明细分类账也叫横线登记式明细账，其账页设有"借方"和"贷方"两栏，采用横线登记，即将每一相关业务登记在一行，并依据每一行各个栏目的登记内容来判断该项业务的进展情况。平行式明细账适用于"材料采购""其他应收款"等账户的明细分类核算；由会计人员逐笔进行登记。同一行内如果借方、贷方都有记录，表明该项经济业务已处理完毕；如果只有借方记录，没有贷方记录，则表示该项经济业务还未结束。"材料采购明细分类账"的账页格式见表2-14。

表 2-14　材料采购明细分类账

物资名称或类别：　　　　　　　　　　　　　　　　　　　　　　　第＿＿＿页

年		凭证		摘要	借方金额			贷方金额	余额
月	日	字	号		买价	采购费用	合计		

（五）卡片式账簿

卡片式账簿简称卡片账，是由发散的卡片组成，放在卡片箱中可以随取随放的一种账簿。采用这种账簿，操作灵活方便，易于分类汇总，能使记录的内容详细具体，可以跨年度使用而无需更换账页，也可以根据管理的需要转移卡片。但这种账簿的账页容易散失和被抽换，因此，使用时，应在卡片上连续编号，以保证安全。卡片式账簿一般适用于账页需要随着物资使用或存放地点的转移而重新排列的明细账，如固定资产登记卡，具体见表2-15。

表 2-15　固定资产登记卡

总账科目：　　　　　　　　　　　　　　本卡编号：
明细科目：　　　　　　　　　　　　　　财产编号：

中文名称			抵押行库				
英文名称			设定日期				
规格型号			解除日期				
厂牌号码		抵押权设定、解除及保险记录	险别				
购置日期			承保公司				
购置金额			保单号码				
存放地点			投保日期				
耐用年限			费率				
附属设备			保险费				
			备注				

移　动　情　形											
年	月	日	使用部门	用途	保管员	年	月	日	使用部门	用途	保管员

	年	月	日	原　　　　因
维 修 情 况				
				填表注意事项： 1.本卡适用于机械设备、运输设备、机电性什项设备，新卡的填写由管理部门填制（如认为需要可增填一份送使用部门） 2.本卡的编号由保管卡部门自编 3.附属设备栏：应填名称、规格及数量 　如因管理需要，须另行设计表格者，须把新设表格送总管理处总经理室备查

企业的明细分类账采用活页形式。存货类的明细账要用数量金额式账页；收入、费用、成本类的明细账要用多栏式账页；应交增值税的明细账单有账页；其余的基本全部使用三栏式账页。因此，企业需要分别购买这四种账页，数量可根据单位的业务量来确定。业务简单且较少的企业，可以把所有的明细账户设在一本明细账上；业务多的企业可根据需要分别就资产、权益、损益设三本明细账，也可单独就存货、往来账项各设一本明细账（此处没有硬性规定，完全视企业的管理需要来设）。

第六节　会计档案管理

会计档案是指单位在进行会计核算等过程中接收或形成的，记录和反映单位经济业务事项的，具有保存价值的文字、图表等各种形式的会计资料，包括通过计算机等电子设备形成、传输和存储的电子会计档案。

一、应归档的会计档案

《会计档案管理办法》第六条规定，应归档的会计档案有：

（1）会计凭证，包括原始凭证、记账凭证。

（2）会计账簿，包括总账、明细账、日记账、固定资产卡片及其他辅助性账簿。

（3）财务会计报告，包括月度、季度、半年度、年度财务会计报告。

（4）其他会计资料，包括银行存款余额调节表、银行对账单、纳税申报表、会计档案移交清册、会计档案保管清册、会计档案销毁清册、会计档案鉴定意见书及其他具有保存价值的会计资料。

二、可以用电子形式存档的资料

《会计档案管理办法》第七条规定，单位可以利用计算机、网络通信等信息技术手段管理会计档案。

第八条规定，同时满足下列条件的，在单位内部形成的，属于归档范围的电子会计资料可仅以电子形式保存，形成电子会计档案：

（1）形成的电子会计资料来源真实有效，由计算机等电子设备形成和传输。

（2）使用的会计核算系统能够准确、完整、有效接收和读取电子会计资料，能够输出符合国家标准归档格式的会计凭证、会计账簿、财务会计报表等会计资料，并设定了经办、审核、审批等必要的审签程序。

（3）使用的电子档案管理系统能够有效接收、管理、利用电子会计档案，符合电子档案的长期保管要求，并建立了电子会计档案与相关联的其他纸质会计档案的检索关系。

（4）采取了有效措施，可防止电子会计档案被篡改。

（5）建立了电子会计档案备份制度，能够有效防范自然灾害、意外事故和人为破坏的影响。

（6）形成的电子会计资料不属于具有永久保存价值或者其他重要保存价值的会计档案。

第九条规定，单位从外部接收的电子会计资料附有符合《中华人民共和国电子签名法》规定的电子签名的，可仅以电子形式归档保存，形成电子会计档案。

三、会计档案保管期限

《会计档案管理办法》第十四条对会计档案保管期限做出了规定。

会计档案保管期限分为永久、定期两类。会计档案的保管期限是从会计年度终了后的第一天算起。永久，即是指会计档案须永久保存；定期，是指会计档案保存应达到法定的时间，定期保管期限一般分为10年和30年，具体如表2-16所示。

表2-16　企业和其他组织会计档案保管期限表

序号	档案名称	保管期限	备注
一	会计凭证		
1	原始凭证	30年	
2	记账凭证	30年	

序号	档案名称	保管期限	备注
二	会计账簿		
3	总账	30年	
4	明细账	30年	
5	日记账	30年	
6	固定资产卡片		固定资产报废清理后保管5年
7	其他辅助性账簿	30年	
三	财务会计报告		
8	月度、季度、半年度财务会计报告	10年	
9	年度财务会计报告	永久	
四	其他会计资料		
10	银行存款余额调节表	10年	
11	银行对账单	10年	
12	纳税申报表	10年	
13	会计档案移交清册	30年	
14	会计档案保管清册	永久	
15	会计档案销毁清册	永久	
16	会计档案鉴定意见书	永久	

四、会计档案的归档和移交要求

《会计档案管理办法》第十条至第十二条对会计档案的归档和移交做出了规定。

（一）归档

（1）单位的会计机构或会计人员所属机构（以下统称单位会计管理机构）按照归档范围和归档要求，负责定期将应当归档的会计资料整理立卷，编制会计档案保管清册。

（2）当年形成的会计档案，在会计年度终了后，可由单位会计管理机构临时保管一年，再移交单位档案管理机构保管。因工作需要确需推迟移交的，应当经单位档案管理机构同意。

（3）单位会计管理机构临时保管会计档案最长不超过三年。临时保管期间，会计档案的保管应当符合国家档案管理的有关规定，且出纳人员不得兼管会计档案。

（二）移交

（1）单位会计管理机构在办理会计档案移交时，应当编制会计档案移交清册，并按照国家档案管理的有关规定办理移交手续。

（2）纸质会计档案移交时，应当保持原卷的封装。

（3）电子会计档案移交时，应当将电子会计档案及其元数据一并移交，且文件格式应当符合国家档案管理的有关规定。特殊格式的电子会计档案应当与其读取平台一并移交。

（4）单位档案管理机构接收电子会计档案时，应当对电子会计档案的准确性、完整性、可用性、安全性进行检测，符合要求的才能接收。

五、会计档案的借用管理

《会计档案管理办法》第十三条对会计档案的借用做出了规定。

（1）单位应当严格按照相关制度利用会计档案，在进行会计档案查阅、复制、借出时履行登记手续，严禁篡改和损坏。

（2）单位保存的会计档案一般不得对外借出。确因工作需要且根据国家有关规定必须借出的，应当严格按照规定办理相关手续。

（3）会计档案借用单位应当妥善保管和利用借入的会计档案，确保借入会计档案的安全完整，并在规定时间内归还。

六、会计档案的鉴定管理

《会计档案管理办法》第十六条、第十七条对会计档案的鉴定管理做出了规定。

（1）单位应当定期对已到保管期限的会计档案进行鉴定，并形成会计档案鉴定意见书。经鉴定，仍需继续保存的会计档案，应当重新划定保管期限；对保管期满，确无保存价值的会计档案，可以销毁。

（2）会计档案鉴定工作应当由单位档案管理机构牵头，组织单位会计、审计、纪检监察等机构或人员共同进行。

七、会计档案的销毁

（一）销毁的程序

《会计档案管理办法》第十八条规定，经鉴定可以销毁的会计档案，应当按照图2-4所示的程序销毁。

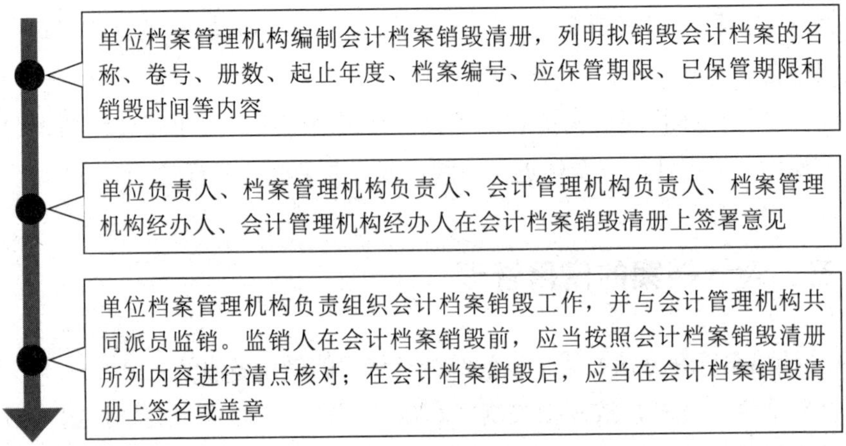

单位档案管理机构编制会计档案销毁清册，列明拟销毁会计档案的名称、卷号、册数、起止年度、档案编号、应保管期限、已保管期限和销毁时间等内容

单位负责人、档案管理机构负责人、会计管理机构负责人、档案管理机构经办人、会计管理机构经办人在会计档案销毁清册上签署意见

单位档案管理机构负责组织会计档案销毁工作，并与会计管理机构共同派员监销。监销人在会计档案销毁前，应当按照会计档案销毁清册所列内容进行清点核对；在会计档案销毁后，应当在会计档案销毁清册上签名或盖章

图2-4 会计档案的销毁程序

提醒您

电子会计档案的销毁应当符合国家有关电子档案的规定，并由单位档案管理机构、会计管理机构和信息系统管理机构共同派员监销。

（二）不得销毁的档案

第十九条规定，保管期满但未结清的债权债务会计凭证和涉及其他未了事项的会计凭证不得销毁，纸质会计档案应当单独抽出立卷，电子会计档案应单独转存，保管到未了事项完结时为止。

提醒您

单独抽出立卷或转存的会计档案，应当在会计档案鉴定意见书、会计档案销毁清册和会计档案保管清册中列明。

八、单位之间交接会计档案

单位之间交接会计档案的要求，如图2-5所示。

要求一	单位之间交接会计档案时，交接双方应当办理会计档案交接手续
要求二	移交会计档案的单位，应当编制会计档案移交清册，列明应当移交的会计档案名称、卷号、册数、起止年度、档案编号、应保管期限和已保管期限等内容
要求三	交接会计档案时，交接双方应当按照会计档案移交清册所列内容逐项交接，并由交接双方的单位有关负责人负责监督。交接完毕后，交接双方经办人和监督人应当在会计档案移交清册上签名或盖章
要求四	电子会计档案应当与其元数据一并移交，特殊格式的电子会计档案应当与其读取平台一并移交。档案接受单位应当对保存电子会计档案的载体及其技术环境进行检验，确保所接收电子会计档案的准确、完整、可用和安全

图2-5 单位之间交接会计档案的要求

九、违反会计档案管理法的处罚

《会计档案管理办法》第二十七条规定，违反《会计档案管理办法》规定的单位和个人，由县级以上人民政府财政部门、档案行政管理部门依据《中华人民共和国会计法》《中华人民共和国档案法》等法律法规处理处罚。

（1）依据《中华人民共和国档案法》第七章第四十八条至第五十一条的规定。

《中华人民共和国档案法》第七章"法律责任"节选

第四十八条　单位或者个人有下列行为之一，由县级以上档案主管部门、有关机关对直接负责的主管人员和其他直接责任人员依法给予处分：

（一）丢失属于国家所有的档案的。

（二）擅自提供、抄录、复制、公布属于国家所有的档案的。

（三）买卖或者非法转让属于国家所有的档案的。

（四）篡改、损毁、伪造档案或者擅自销毁档案的。

（五）将档案出卖、赠送给外国人或者外国组织的。

（六）不按规定归档或者不按期移交档案，被责令改正而拒不改正的。

（七）不按规定向社会开放、提供利用档案的。

（八）明知存在档案安全隐患而不采取补救措施，造成档案损毁、灭失，或者存在档案安全隐患被责令限期整改而逾期未整改的。

（九）发生档案安全事故后，不采取抢救措施或者隐瞒不报、拒绝调查的。

（十）档案工作人员玩忽职守，造成档案损毁、灭失的。

第四十九条　利用档案馆的档案，有本法第四十八条第一项、第二项、第四项违法行为之一的，由县级以上档案主管部门给予警告，并对单位处一万元以上十万元以下的罚款，对个人处五百元以上五千元以下的罚款。

档案服务企业在服务过程中有本法第四十八条第一项、第二项、第四项违法行为之一的，由县级以上档案主管部门给予警告，并处二万元以上二十万元以下的罚款。

单位或者个人有本法第四十八条第三项、第五项违法行为之一的，由县级以上档案主管部门给予警告，没收违法所得，对单位处一万元以上十万元以下的罚款，对个人处五百元以上五千元以下的罚款；并可以依照本法第二十二条的规定征购所出卖或者赠送的档案。

第五十条　违反本法规定，擅自运送、邮寄、携带或者通过互联网传输禁止出境的档案或者其复制件出境的，由海关或者有关部门予以没收、阻断传输，对单位处一万元以上十万元以下的罚款，对个人处五百元以上五千元以下的罚款；并将没收、阻断传输的档案或者其复制件移交档案主管部门。

第五十一条　违反本法规定，构成犯罪的，依法追究刑事责任；造成财产损失或者其他损害的，依法承担民事责任。

（2）依据《中华人民共和国会计法》第四十四条、第四十五条的规定。

第四十四条　隐匿或者故意销毁依法应当保存的会计凭证、会计账簿、财务会计报告，构成犯罪的，依法追究刑事责任。

有前款行为，尚不构成犯罪的，由县级以上人民政府财政部门予以通报，可以对单位并处五千元以上十万元以下的罚款；对其直接负责的主管人员和其他直接责任人员，可以处三千元以上五万元以下的罚款；属于国家工作人员的，还应当由其所在单位或者有关单位依法给予撤职直至开除的行政处分；其中的会计人员，五年内不得从事会计工作。

第四十五条　授意、指使、强令会计机构、会计人员及其他人员伪造、变造会计凭证、会计账簿，编制虚假财务会计报告或者隐匿、故意销毁依法应当保的会计凭证、会计账簿、财务会计报告，构成犯罪的，依法追究刑事责任；尚不构成犯罪的，可以处五千元以上五万元以下的罚款；属于国家工作人员的，还应当由其所在单位或者有关单位依法给予降级、撤职、开除的行政处分。

第三章

企业税务常识

引言：

依法纳税是每个企业和公民应尽的义务，学习和了解国家税收政策和有关规定对确保企业合法经营和正常业务的开展具有十分重要的意义。税务知识非常专业，管理者不需要精通，但一定要掌握一些基本常识：有哪些税种、企业的税负情况、日常经营活动中的涉税问题、发票与收据的真伪、税务部门检查的应对等。

第一节 我国税收种类

税收是国家为满足社会公共需要，凭借公共权力，按照法律所规定的标准和程序，参与国民收入分配，强制地、无偿地取得财政收入的一种特殊方式。它体现了国家与纳税人在征收、纳税的利益分配上的一种特殊关系。税收收入是国家财政收入的最主要来源。

目前我国的税收主要分为流转税、所得税、财产税、资源税和行为税五大类，共十八个税种，如图3-1所示。

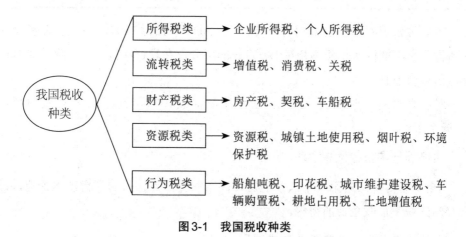

图3-1　我国税收种类

一、企业所得税

企业所得税是指对中华人民共和国境内的企业（包括居民企业及非居民企业）和其他取得收入的组织以其生产经营所得为课税对象所征收的一种所得税。

（一）税率

1.法定税率

按照《中华人民共和国企业所得税法》（以下简称《企业所得税法》）的规

定，企业所得税税率为25%。

2.小型微利企业优惠税率

《企业所得税法》第二十八条规定，符合条件的小型微利企业，减按20%的税率征收企业所得税。

根据国家税务总局公告2019年第2号的规定，从2019年开始，通过降低应纳税所得额的方式，变相降低税率，实际的计算率如表3-1所示。

表 3-1　小型微利企业税率

小型微利企业纳税所得额	应纳税所得额减按比例	企业所得税税率	实际计算率	速算扣除数
应纳税所得额≤100万元	25%	20%	5%	0
100万元＜应纳税所得额≤300万元	50%	20%	10%	5

政府报告中提出：自2021年1月1日至2022年12月31日，小微企业和个体户所得税年应纳税所得额不超过100万元的部分，在现行小微企业优惠政策基础上，再减半征收。

对小型微利企业来说，如果年应纳税所得额100万元以内，实际税负率由5%降至2.5%。

3.高新技术企业优惠税率

《企业所得税法》第二十八条规定，国家需要重点扶持的高新技术企业，减按15%的税率征收企业所得税。

4.国家鼓励的集成电路企业或项目

国家鼓励的集成电路线宽小于28纳米（含），且经营期在15年以上的集成电路生产企业或项目，第一年至第十年免征企业所得税；国家鼓励的集成电路线宽小于65纳米（含），且经营期在15年以上的集成电路生产企业或项目，第一年至第五年免征企业所得税，第六年至第十年按照25%的法定税率减半征收企业所得税；国家鼓励的集成电路线宽小于130纳米（含），且经营期在10年以上的集成电路生产企业或项目，第一年至第二年免征企业所得税，第三年至第五年按照25%的法定税率减半征收企业所得税。

【政策依据】《财政部　税务总局　发展改革委　工业和信息化部关于促进集成电路产业和软件产业高质量发展企业所得税政策的公告》（财政部　税务总局　发

展改革委 工业和信息化部公告2020年第45号）

5.国家鼓励的集成电路设计、装备、材料、封装、测试企业和软件企业

国家鼓励的集成电路设计、装备、材料、封装、测试企业和软件企业，自获利年度起，第一年至第二年免征企业所得税，第三年至第五年按照25%的法定税率减半征收企业所得税。

【政策依据】《财政部 税务总局 发展改革委 工业和信息化部关于促进集成电路产业和软件产业高质量发展企业所得税政策的公告》（财政部 税务总局 发展改革委 工业和信息化部公告2020年第45号）

6.国家鼓励的重点集成电路设计企业和软件企业

国家鼓励的重点集成电路设计企业和软件企业，自获利年度起，第一年至第五年免征企业所得税，接续年度减按10%的税率征收企业所得税。

【政策依据】《财政部 税务总局 发展改革委 工业和信息化部关于促进集成电路产业和软件产业高质量发展企业所得税政策的公告》（财政部 税务总局 发展改革委 工业和信息化部公告2020年第45号）

7.技术先进型服务企业

自2017年1月1日起，对经认定的技术先进型服务企业，减按15%的税率征收企业所得税。

【政策依据】（1）《财政部 税务总局 商务部 科技部 国家发展改革委关于将技术先进型服务企业所得税政策推广至全国实施的通知》（财税〔2017〕79号）

（2）《财政部 税务总局 商务部 科技部 国家发展改革委关于将服务贸易创新发展试点地区技术先进型服务企业所得税政策推广至全国实施的通知》（财税〔2018〕44号）

8.节能服务公司实施合同能源管理项目

对符合条件的节能服务公司实施合同能源管理项目，符合企业所得税税法有关规定的，自项目取得第一笔生产经营收入所属纳税年度起，第一年至第三年免征企业所得税，第四年至第六年按照25%的法定税率减半征收企业所得税。

【政策依据】《财政部 国家税务总局关于促进节能服务产业发展增值税 营业税和企业所得税政策问题的通知》（财税〔2010〕110号）

9.西部地区鼓励企业

对设在西部地区以《西部地区鼓励类产业目录》中新增鼓励类产业项目为主营业务，且其当年度主营业务收入占企业收入总额70%以上的企业，自2014年10月1日起，可减按15%的税率征收企业所得税。

【政策依据】《国家税务总局关于执行<西部地区鼓励类产业目录>有关企业所得税问题的公告》（国家税务总局公告2015年第14号）

10.海南自由贸易港鼓励企业

对注册在海南自由贸易港并实质性运营的鼓励类产业企业，减按15%的税率征收企业所得税。

【政策依据】《财政部 税务总局关于海南自由贸易港企业所得税优惠政策的通知》（财税〔2020〕31号）

11.非居民企业优惠税率

非居民企业在中国境内未设立机构、场所的，或者虽设立机构、场所但取得的所得与其所设机构、场所没有实际联系的，应当就其来源对中国境内的所得缴纳企业所得税。根据《企业所得税法实施条例》第九十一条的规定，非居民企业取得《企业所得税法》第27条第（五）项规定的所得，减按10%的税率征收企业所得税。

（二）征收方式

企业所得税的征收方式分为两种，一种是查账征收，另一种是核定征收，具体如图3-2所示。

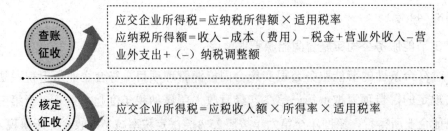

图3-2　企业所得税的征收方式

（三）企业所得税征收方式的鉴定

企业所得税征收方式的鉴定工作每年进行一次，时间为当年的1月至3月底。当年新办的企业应在领取税务登记证后的3个月内完成鉴定工作。企业所得税征收方式一经确定，一般在一个纳税年度内不做变更，但对鉴定为查账征收方式的纳税人来说，存在下列情形之一的，可随时调整为定额或定率方式征收企业所得税。

（1）纳税人不据实申报纳税，不按规定提供有关财务资料及接受税务检查的。

（2）在税务检查中，发现有情节严重的违反税法规定行为的。

对鉴定为定额或定率征收方式的企业，如能积极改进财务管理，建立健全账簿，规范财务核算，正确计算盈亏，依法办理纳税申报，达到查账征收方式企业标准的，在次年鉴定时，可予以升级，鉴定为查账征收方式征收企业所得税。

提醒您

一般情况下，从税务成本的方面考虑，如果企业主营业务的净利润率高于所属行业定率征收应税所得率，则实行定率征收方式较为有利，反之，则实行查账征收方式较为有利。部分行业购进商品很难取得进货发票或取得发票的成本过高，建议采用定率征收方式。如何确定征收方式，必须结合企业的业务类型、业务量的大小、客户情况等综合考虑。

二、个人所得税

个人所得税率是个人所得税税额与应纳税所得额之间的比例。个人所得税率是由国家相应的法律法规规定的，并根据个人的收入进行计算。缴纳个人所得税是收入达到缴纳标准的公民应尽的义务。

2018年8月31日，第十三届全国人民代表大会常务委员会第五次会议通过《关于修改〈中华人民共和国个人所得税法〉的决定》，将每月个税免征额由3500元提高到5000元，并于2019年1月1日起实施。

（一）个人所得税的税率

1.居民个人工资、薪金所得

居民个人工资、薪金所得预扣率，如表3-2所示。

表3-2 个人所得税预扣率表一

（居民个人工资、薪金所得预扣预缴适用）

级数	累计预扣预缴应纳税所得额	预扣率/%	速算扣除数/元
1	不超过36 000元	3	0
2	超过36 000元至144 000元的部分	10	2 520
3	超过144 000元至300 000元的部分	20	16 920
4	超过300 000元至420 000元的部分	25	31 920
5	超过420 000元至660 000元的部分	30	52 920
6	超过660 000元至960 000元的部分	35	85 920
7	超过960 000元的部分	45	181 920

（1）累计预扣预缴应纳税所得额=累计收入–累计免税收入–累计减除费用–累计专项扣除–累计专项附加扣除–累计依法确定的其他扣除

（2）本期应预扣预缴税额=（累计预扣预缴应纳税所得额×预扣率–速算扣除数）–累计减免税额–累计已预扣预缴税额

提醒您

（1）减除费用，即"个税起征点"，统一按照5 000元/月执行。

（2）专项扣除，包括居民个人按照国家规定的范围和标准缴纳的基本养老保险、基本医疗保险、失业保险等社会保险费和住房公积金等。

（3）专项附加扣除，包括子女教育、继续教育、大病医疗、住房贷款利息或者住房租金、赡养老人等支出。

（4）依法确定的其他扣除，包括个人缴付符合国家规定的企业年金、职业年金，个人购买符合国家规定的商业健康保险、税收递延型商业养老保险，以及国务院规定的可以扣除的其他项目。

采用"累计预扣法"计算应预扣预缴税款，比较复杂，且个人所得税预扣预缴办法仍在不断变化中，若有疑问，请使用"个税精灵计算器"。

2. 居民个人劳务报酬所得、稿酬所得、特许权使用费所得

居民个人劳务报酬所得预扣率，如表3-3所示。

表3-3　个人所得税预扣率表二

（居民个人劳务报酬所得预扣预缴适用）

级数	预扣预缴应纳税所得额	预扣率/%	速算扣除数/元
1	不超过20 000元	20	0
2	超过20 000元至50 000元的部分	30	2 000
3	超过50 000元的部分	40	7 000

（1）居民个人劳务报酬所得，适用20%至40%的预扣率。

（2）居民个人稿酬所得、特许权使用费所得，适用20%的预扣率。

（3）居民个人劳务报酬所得、稿酬所得、特许权使用费所得，以每次收入额为预扣预缴应纳税所得额，来计算应预扣预缴税额。

提醒您

收入额：是收入减除费用后的余额，其中，稿酬所得的收入额减按百分之七十计算。

减除费用：每次收入不超过4 000元的，减除费用按800元计算；每次收入4 000元以上的，减除费用按收入的百分之二十计算。

3. 综合所得个税税率

综合所得个税税率，如表3-4所示。

（1）综合所得，是指居民个人取得的工资、薪金所得，劳务报酬所得，稿酬所得和特许权使用费所得。

表 3-4 个人所得税税率表一

（综合所得适用）

级数	全年应纳税所得额	税率/%	速算扣除数/元
1	不超过 36 000 元的	3	0
2	超过 36 000 元至 144 000 元的部分	10	2 520
3	超过 144 000 元至 300 000 元的部分	20	16 920
4	超过 300 000 元至 420 000 元的部分	25	31 920
5	超过 420 000 元至 660 000 元的部分	30	52 920
6	超过 660 000 元至 960 000 元的部分	35	85 920
7	超过 960 000 元的部分	45	181 920

（2）综合所得，适用 3% 至 45% 的超额累进税率。

（3）全年应纳税所得额，是指居民个人取得综合所得以每一纳税年度收入额减除费用六万元以及专项扣除、专项附加扣除和依法确定的其他扣除后的余额。

提醒您

工资薪金所得收入额＝全部工资薪金税前收入

劳务报酬所得收入额＝全部劳务报酬税前收入×（1–20%）

稿酬所得收入额＝全部稿酬税前收入×（1–20%）×70%

特许权使用费所得收入额＝全部特许权使用费税前收入×（1–20%）

4.经营所得个税税率表

经营所得，以每一纳税年度的收入总额减除成本、费用以及损失后的余额，作为应纳税所得额，适用 5% 至 35% 的超额累进税率，税率如表 3-5 所示。

表 3-5 个人所得税税率表二

（经营所得适用）

级数	全年应纳税所得额	税率/%	速算扣除数/元
1	不超过 30 000 元的	5	0
2	超过 30 000 元至 90 000 元的部分	10	1 500

级数	全年应纳税所得额	税率/%	速算扣除数/元
3	超过90 000元至300 000元的部分	20	10 500
4	超过300 000元至500 000元的部分	30	40 500
5	超过500 000元的部分	35	65 500

5.非居民个人工资、薪金所得，劳务报酬所得，稿酬所得和特许权使用费所得

非居民个人工资、薪金所得，劳务报酬所得，稿酬所得和特许权使用费所得代扣代缴税款的税率，如表3-6所示。

表3-6 个人所得税税率表三

（非居民个人工资、薪金所得，劳务报酬所得，稿酬所得和特许权使用费所得适用）

级数	应纳税所得额	税率/%	速算扣除数/元
1	不超过3 000元的部分	3	0
2	超过3 000元至12 000元的部分	10	210
3	超过12 000元至25 000元的部分	20	1 410
4	超过25 000元至35 000元的部分	25	2 660
5	超过35 000元至55 000元的部分	30	4 410
6	超过55 000元至80 000元的部分	35	7 160
7	超过80 000元的部分	45	15 160

（1）非居民个人的工资、薪金所得，以每月收入额减除费用5000元后的余额作为应纳税所得额。

（2）非居民个人的劳务报酬所得、稿酬所得、特许权使用费所得，以每次收入额作为应纳税所得额。

提醒您

　　劳务报酬所得、稿酬所得、特许权使用费所得以收入减除百分之二十的费用后的余额作为收入额。其中，稿酬所得的收入额减按百分之七十计算。

6.利息、股息、红利所得，财产租赁所得，财产转让所得，偶然所得

（1）利息、股息、红利所得，财产租赁所得，财产转让所得和偶然所得，适用税率为20%（该税率适用于居民个人与非居民个人）。

（2）财产租赁所得，每次收入不超过4 000元的，以收入减除费用800元后的余额作为应纳税所得额；每次收入在4 000元以上的，以收入减除百分之二十的费用后的余额作为应纳税所得额。

（3）财产转让所得，以转让财产的收入额减除财产原值和合理费用后的余额，作为应纳税所得额。

（4）利息、股息、红利所得和偶然所得，以每次收入额作为应纳税所得额。

（二）个人所得税纳税期限

（1）每月应纳的税款，应当在次月15日内缴入国库。

（2）个体工商户对其生产经营所得应纳的税款，应当按年计算，分月预缴。由纳税义务人在次月15日内预缴，年度终了后3个月内汇算清缴，多退少补。

（3）从中国境外取得所得的纳税义务人，应当在年度终了后30日内，将应纳税款缴入国库，并向税务机关报送纳税申报表。

三、增值税

增值税是对销售货物或者提供加工、修理修配劳务以及进口货物的单位和个人就其实现的增值额征收的一种流转税。

（一）增值税的税率

1.一般纳税人的增值税税率，如表3-7所示。

表 3-7　增值税税率表一

（适用于一般纳税人）

税目		税率
销售或进口货物	粮食等农产品、食用植物油、食用盐	9%
	自来水、暖气、冷气、热气、煤气、石油液化气、沼气、二甲醛、天然气、居民用煤炭制品	

续表

税目		税率
销售或进口货物	图书、报纸、杂志、影像制品、电子出版物	9%
	饲料、化肥、农药、农机、农膜	
	国务院规定的其他货物	
	除以上列举的货物	13%
销售劳务	加工、修理修配劳务	13%
销售无形资产	转让技术、商标、著作权、商誉、土地使用权之外的自然资源和其他权益性无形资产所有权或使用权	6%
	土地使用权	9%
销售不动产	转让建筑物、构筑物等不动产产权	9%
交通运输服务	陆路运输服务	9%
	水路运输服务	
	航空运输服务	
	管道运输服务	
	无运输工具承运业务	
邮政服务	邮政普遍服务	9%
	邮政特殊服务	
	其他邮政服务	
电信服务	基础电信服务	9%
	增值电信服务	6%
建筑服务	工程服务	9%
	安装服务	
	修缮服务	
	装饰服务	
	其他建筑服务	
金融服务	贷款服务	6%
	直接收费金额服务	
	保险服务	
	金融商品转让	
现代服务	研发和技术服务	6%
	信息技术服务	

续表

税目			税率
现代服务	文化创意服务		6%
	物流辅助服务		
	鉴证咨询服务		
	广播影视服务		
	商务辅助服务		
	其他现代服务		
	租赁服务	有形动产	13%
		不动产	9%
生活服务	文化体育服务		6%
	教育医疗服务		
	旅游娱乐服务		
	餐饮住宿服务		
	居民日常服务		
	其他生活服务		
出口货物、服务、无形资产	出口货物（国务院另有规定的除外）		0%
	跨境销售国务院规定范围内的服务、无形资产		
	销售货物、劳务，提供跨境应税行为，符合免税条件		免税
	销售适用增值税零税率的服务或无形资产的，可以放弃适用增值税零税率，选择免税或按规定缴纳增值税。放弃适用增值税零税率的，36个月内不得再申请适用增值税零税率		
购进农产品进项税额	购进农产品		扣除率9%
	购进用于生产或委托加工13%税率货物的农产品		扣除率10%

2.小规模纳税人的增值税税率，如表3-8所示。

表3-8　增值税税率表二

（适用于小规模纳税人）

简易计税		征收率
小规模纳税人	销售货物	3%
	加工、修理修配劳务	
	销售应税服务（除另有规定外）	

续表

简易计税		征收率
小规模纳税人	销售无形资产	3%
一般纳税人发生按规定适用或者可以选择适用简易计税方法的特定应税行为（适用5%征收率除外）		
销售不动产		5%
符合条件的经营租赁不动产（土地使用权）		
转让营改增前取得的土地使用权		
房地产开发企业销售、出租自行开的房地产老项目		
符合条件的不动产融资租赁		
选择差额纳税的劳动派遣服务、安全保护服务		5%
一般纳税人提供人力资源外包服务		
建筑服务		3%
试点前开工的高速公路车辆通行费		
个体工商户和其他个人出租住房		5%减按1.5%
小规模纳税人	销售自己使用过的固定资产	3%减按2%
符合规定情形的一般纳税人		
2020年5月1日～2023年12月31日，销售二手车		0.5%

相关链接 ‹···

一般纳税人、小规模纳税人

一、一般纳税人

1. 一般纳税人的认定标准

（1）增值税纳税人，年应税销售额超过财政部、国家税务总局规定的小规模纳税人标准的，应当向主管税务机关申请一般纳税人资格认定。

（2）年应税销售额未超过财政部、国家税务总局规定的小规模纳税人标准以及新开业的纳税人，可以向主管税务机关申请一般纳税人资格认定。

一般纳税人需符合以下条件：有固定的生产经营场所；能够按照国家统一的会计制度规定设置账簿，根据合法、有效凭证核算，能够提供准确税务资料。

2.不予认定的情形

下列纳税人不办理一般纳税人资格认定：

（1）个体工商户以外的其他个人。

（2）选择按照小规模纳税人纳税的非企业性单位。

（3）选择按照小规模纳税人纳税的不经常发生应税行为的企业。

（4）非企业性单位。

（5）销售免税货物的企业。

二、小规模纳税人

小规模纳税人是指年销售额在规定标准以下，并且会计核算不健全，不能按规定报送有关税务资料的增值税纳税人。

所谓会计核算不健全，是指不能正确核算增值税的销项税额、进项税额和应纳税额。

2021年3月5日，《2021年国务院政府工作报告》中将小规模纳税人增值税起征点从月销售额10万元提高到15万元。

（二）增值税的纳税期限

增值税的纳税期限分别为1日、3日、5日、10日、15日、1个月或者1个季度。纳税人的具体纳税期限，由主管税务机关根据纳税人应纳税额的大小分别核定；不能按照固定期限纳税的，可以按次纳税。

纳税人销售货物、提供应税劳务、提供应税服务以1个月或者1个季度为一期纳税的，自期满之日起15日内申报纳税；以1日、3日、5日、10日或15日为一期纳税的，自期满之日起5日内预缴税款，并于次月1日起15日内申报纳税并结清上月应纳税款。

纳税人进口货物的，应当自海关填发海关进口增值税专用缴款书之日起15日内缴纳税款。纳税人出口货物适用退（免）税规定的，应当向海关办理出口手续，凭出口报关单等有关凭证，在规定的出口退（免）税申报期内按月向主管税务机关申报办理该项出口货物的退（免）税。

（三）零申报

零申报是指在税务机关办理了税务登记的纳税人、扣缴义务人当期未发生应税行为，按照国家税收法律、行政法规和规章的规定，应向税务机关办理零申报手续，并注明当期无应税事项。

小规模企业未产生税金也需要进行纳税申报，即零申报。

提醒您

需要注意的是，企业连续三个月零申报属于异常申报，将被税务局列入重点关注对象。或者进行间隔申报，一年内有6个月都是零申报，企业还是有可能被查账、被处罚。

长期零申报会受到处罚，税务局会对企业进行纳税评估，查出零申报的原因，然后要求企业补缴税款、滞纳金，甚至还有罚款。

（四）增值税进项税额是否可以抵扣

进项税额，是指纳税人购进货物、加工修理修配劳务、服务、无形资产或者不动产，支付或者负担的增值税额。增值税进项税额抵扣说明，如表3-9所示。

表3-9 增值税进项税额抵扣说明

按纳税人划分	税率	适用范围	是否可抵扣进项税额
一般纳税人	13%	销售或进口货物，提供应税劳务，提供有形动产租赁服务	是
	9%	销售或进口税法列举的货物，提供交通运输服务、邮政服务、基础电信服务	
	6%	提供现代服务业服务（租赁服务除外）、增值电信服务	
	3%	一般纳税人采用简易办法征税适用	否
	0	纳税人出口货物	是
小规模纳税人	3%	2014年7月1日起，一律调整为3%	否

目前可以用作进项税额抵扣的票据凭证：

（1）增值税专用发票。

（2）税控机动车销售统一发票。

（3）从海关取得的海关进口增值税专用缴款书。

（4）从境外单位或者个人购进劳务、服务、无形资产或者不动产时，从税务机关或者扣缴义务人处取得的代扣代缴税款的完税凭证。

四、消费税

消费税是以消费品的流转额作为课税对象的各种税收的统称。在对货物普遍征收增值税的基础上，再选择特定的消费品征收消费税，主要是为了调节产品结构，引导消费方向，保证国家财政收入。

（一）消费税的征收范围

现行消费税的征收范围主要包括：烟、酒、鞭炮、焰火、高档化妆品、成品油、贵重首饰及珠宝玉石、高尔夫球及球具、高档手表、游艇、木制一次性筷子、实木地板、汽车轮胎、摩托车、小汽车、电池、涂料等税目，有的税目还可以进一步划分为若干子目。

（二）消费税的纳税环节

消费税只在消费品生产、流通或消费的某一环节征收一次，并不是在生产、流通和消费的每一个环节都征收。消费税的纳税环节，也是应税消费品在流转过程中应当缴纳税款的环节，具体有图3-3所示的五种情况。

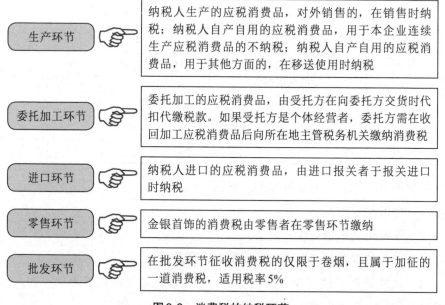

图3-3　消费税的纳税环节

（三）消费税的税率

消费税的税率包括比例税率和定额税率两类。

（1）比例税率：适用于大多数应税消费品。

（2）定额税率：适用于成品油、啤酒、黄酒。

（3）复合税率：卷烟和白酒采用定额税率与比例税率相结合的复合税率计征消费税。

消费税的税目及税率，如表3-10所示。

表3-10 消费税税目税率（税额原则）表

序号	税目	税率
1	生产环节：甲类卷烟［调拨价70元（不含增值税）/条以上（含70元）］	56%加0.003元/支
2	生产环节：乙类卷烟［调拨价70元（不含增值税）/条以下］	36%加0.003元/支
3	商业批发环节：甲类卷烟［调拨价70元（不含增值税）/条以上（含70元）］	11%加0.005元/支
4	雪茄	36%
5	烟丝	30%
6	白酒	20%加0.5元/500克（毫升）
7	黄酒	240元/吨
8	甲类啤酒	250元/吨
9	乙类啤酒	220元/吨
10	其他酒	10%
11	高档化妆品	15%
12	金银首饰、铂金首饰和钻石及钻石饰品	5%
13	其他贵重首饰和珠宝玉石	10%
14	鞭炮、焰火	15%
15	汽油	1.52元/升
16	柴油	1.20元/升
17	航空煤油	1.20元/升
18	石脑油	1.52元/升
19	溶剂油	1.52元/升

序号	税目	税率
20	润滑油	1.52元/升
21	燃料油	1.20元/升
22	气缸容量250毫升（含250毫升）以下的摩托车	3%
23	气缸容量250毫升以上的摩托车	10%
24	气缸容量在1.0升（含1.0升）以下的乘用车	1%
25	气缸容量在1.0升以上至1.5升（含1.5升）的乘用车	3%
26	气缸容量在1.5升以上至2.0升（含2.0升）的乘用车	5%
27	气缸容量在2.0升以上至2.5升（含2.5升）的乘用车	9%
28	气缸容量在2.5升以上至3.0升（含3.0升）的乘用车	12%
29	气缸容量在3.0升以上至4.0升（含4.0升）的乘用车	25%
30	气缸容量在4.0升以上的乘用车	40%
31	中轻型商用客车	5%
32	高尔夫球及球具	10%
33	高档手表	20%
34	游艇	10%
35	木制一次性筷子	5%
36	实木地板	5%
37	电池	4%
38	涂料	4%
39	商业批发环节：乙类卷烟［调拨价70元（不含增值税）/条以下］	11%加0.005元/支

（四）消费税的纳税期限

消费税的纳税期限分别为1日、3日、5日、10日、15日、1个月或者1个季度。纳税人的具体纳税期限，由主管税务机关根据纳税人应纳税额的大小分别核定；不能按照固定期限纳税的，可以按次纳税。

五、关税

关税是指进出口商品在经过一国关境时，由海关向进出口国所征收的税款。

（一）征税基础

关税的征税基础是关税完税价格。进口货物以海关审定的成交价值为基础的到岸价格作为关税完税价格；出口货物以该货物销售与境外的离岸价格之和减去出口税后，经过海关审查确定的价格作为完税价格。

关税应税额的计算公式为：应纳税额＝关税完税价格×适用税率。

（二）征收方法

关税的征收方法，如图3-4所示。

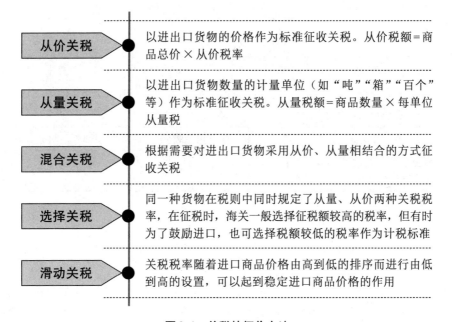

从价关税	以进出口货物的价格作为标准征收关税。从价税额＝商品总价×从价税率
从量关税	以进出口货物数量的计量单位（如"吨""箱""百个"等）作为标准征收关税。从量税额＝商品数量×每单位从量税
混合关税	根据需要对进出口货物采用从价、从量相结合的方式征收关税
选择关税	同一种货物在税则中同时规定了从量、从价两种关税税率，在征税时，海关一般选择征税额较高的税率，但有时为了鼓励进口，也可选择税额较低的税率作为计税标准
滑动关税	关税税率随着进口商品价格由高到低的排序而进行由低到高的设置，可以起到稳定进口商品价格的作用

图3-4 关税的征收方法

（三）关税纳税方式

通常的关税纳税方式是，先由接受通关手续申报的海关逐票计算应征关税并填发关税缴款书，再由纳税人凭此向海关或指定的银行办理税款交付或转账入库手续，最后由海关（凭银行回执联）办理结关放行手续。征税手续在前，结关放行手续在后，有利于税款及时入库，同时也可防止拖欠税款。因此，各国海关都以这种方式作为基本纳税方式。

六、房产税

房产税是以房屋为征税对象，以房屋的计税余值或租金收入为计税依据，向产权所有人征收的一种财产税，又称房屋税。

（一）税目税率

房产税依照房产原值一次减除10%至30%后的1.2%计征，减除幅度由省、自治区、直辖市人民政府确定。房屋出租用于经营且无法确定房产原值的，按照年租金收入的12%计征城市房地产税。房产税的税目税率如表3-11所示。

表 3-11　房产税税目税率

房产用途	计税依据	税率
企业经营自用	房产原值一次减除30%后的余额	1.2%
企业出租房屋用于经营	房产租金收入	12%
个人出租	房产租金收入	4%
企事业单位、社会团体以及其他组织按市场价格向个人出租用于居住的住房	住房房产租金收入	4%

（二）征税对象

房产税的征税对象是房产。所谓房产，是指有屋面和围护结构，能够遮风避雨，可供人们生产、学习、工作、娱乐、居住或储藏物资的场所。独立于房屋的建筑物，如围墙、暖房、水塔、烟囱、室外游泳池等，不属于房产，但室内游泳池属于。

对房地产开发企业而言，由于其开发的商品房在出售前是一种产品，因此，在售出前，不征收房产税；但出售前，房地产开发企业已使用或出租、出借的商品房，应按规定征收房产税。

（三）计税方式

房产税适用于企业和个人，房产税的计算采用从价计税和从租计税两种方式。

七、契税

《中华人民共和国契税法》于2020年8月11日通过，并于2021年9月1日起施行。

契税是指不动产（土地、房屋）产权发生转移变动时，向产权承受人征收的一种财产税。应缴契税的范围包括：土地使用权出让，土地使用权出售、赠予和互换，房屋买卖、赠予、互换等，具体见表3-12。

表 3-12　契税的征税对象

序号	具体情况	是否为契税征税对象	是否为土地增值税征税对象
1	国有土地使用权出让	是	不是
2	土地使用权的转让	是	是
3	房屋买卖	是	是
4	房屋赠予	是	不是（非公益赠予的是）
5	房屋交换	是（等价交换可免征）	是（个人互换居住用房可免征）

现行契税税率为3%至5%。契税的具体适用税率，由各省、自治区、直辖市人民政府在规定的幅度内，按照本地区的实际情况自行确定。

八、车船税

车船税是对在中华人民共和国境内车辆、船舶（以下简称车船）的所有人或者管理人，按照规定计算征收的一种财产税。

对于车船税的税率国家未作统一规定，只是确定了一个基准税额范围，具体可由地方政府自行确定，但是不能超出范围。因此，企业在计算车船税时应查询所在地政府的规定。车船税税目的税额基准，见表3-13。

表 3-13　车船税税目税额表

序号	税目		计量单位	年基准税额	备注
1	乘用车〔按发动机汽缸容量（排气量）分档〕	1.0升（含）以下的	每辆	60元至360元	核定载客人数9人（含）以下
		1.0升以上至1.6升（含）的		300元至540元	
		1.6升以上至2.0升（含）的		360元至660元	
		2.0升以上至2.5升（含）的		660元至1 200元	
		2.5升以上至3.0升（含）的		1 200元至2 400元	
		3.0升以上至4.0升（含）的		2 400元至3 600元	
		4.0升以上的		3 600元至5 400元	
2	商用车	客车	每辆	480元至1 440元	核定载客人数9人以上，包括电车
		货车	整备质量每吨	16元至120元	包括半挂牵引车、三轮汽车和低速载货汽车等
3	挂车		整备质量每吨	按照货车税额的50%计算	
4	其他车辆	专用作业车	整备质量每吨	16元至120元	不包括拖拉机
		轮式专用机械车	整备质量每吨	16元至120元	不包括拖拉机
5	摩托车		每辆	36元至180元	
6	船舶	机动船舶	净吨位每吨	3元至6元	拖船、非机动驳船分别按照机动船舶税额的50%计算
		游艇	艇身长度每米	600元至2 000元	

九、船舶吨税

船舶吨税，简称吨税，是海关对进出中国港口的国际航行船舶征收的一种税。税款主要用于港口及海上干线公用航标的建设维护。开征船舶吨税的基本法律依据是，2018年7月1日中国海关总署发布的《中华人民共和国海关船舶吨税暂行办法》。

（一）征税对象

吨税的纳税人为拥有或租用进出中国港口的国际航行船舶的单位和个人。吨税的征税对象是行驶于中国港口的中外船舶，具体包括：

（1）在中国港口行驶的外国籍船舶。

（2）外商租用的中国籍船舶。

（3）中外合营的海运企业自有或租用的中、外籍船舶。

（4）中国租用（包括国外华商拥有的和租用的）航行国外及兼营国内沿海贸易的外国籍船舶。

（二）直接免征吨税的船舶

（1）应纳税额在人民币50元以下的船舶。

（2）自境外以购买、受赠、继承等方式取得船舶所有权的初次进口到港的空载船舶。

（3）吨税执照期满后24小时内不上下客货的船舶。

（4）非机动船舶（不包括非机动驳船）。

（5）捕捞、养殖渔船。

（6）避难、防疫隔离、修理、改造、终止运营或者拆解，并不上下客货的船舶。

（7）军队、武装警察部队专用或者征用的船舶。

（8）警用船舶。

（9）依照法律规定应当予以免税的外国驻华使领馆、国际组织驻华代表机构及其有关人员的船舶。

（10）国务院规定的其他船舶。

（三）延期纳税的情况

在吨税执照期限内，应税船舶发生下列情形之一的，海关按照实际发生的天数批注延长吨税执照期限：

（1）避难、防疫隔离、修理、改造，并不上下客货。

（2）军队、武装警察部队征用。

（四）税率

吨税设置优惠税率和普通税率。

（1）中华人民共和国籍的应税船舶，船籍国（地区）与中华人民共和国签订含有相互给予船舶税费最惠国待遇条款的条约或者协定的应税船舶，适用优惠税率。

（2）其他应税船舶，适用普通税率。

吨税税目税率如表3-14所示。

表3-14　吨税税目税率表

税目 （按船舶净吨位划分）	税率（元/净吨）						备注
	普通税率 （按执照期限划分）			优惠税率 （按执照期限划分）			
	1年	90日	30日	1年	90日	30日	
不超过20 000净吨	12.6	4.2	2.1	9.0	3.0	1.5	拖船和非机动驳船分别按相同净吨位船舶税率的50%计征税款
超过2 000净吨，但不超过10 000净吨	24.0	8.0	4.0	17.4	5.8	2.9	
超过10 000净吨，但不超过50 000净吨	27.6	9.2	4.6	19.8	6.6	3.3	
超过50 000净吨	31.8	10.6	5.3	22.8	7.6	3.8	

十、印花税

印花税是以经济活动中签立的各种合同、产权转移书据、营业账簿、权利许可证照等应税凭证文件为对象所征收的一种税。

（一）印花税纳税义务的发生时间

印花税纳税义务的发生时间为纳税人书立应税凭证或者完成证券交易的当日。

证券交易印花税扣缴义务的发生时间为证券交易完成的当日。

（二）印花税计征方式

印花税按季、按年或者按次计征。实行按季、按年计征的，纳税人应当自季度、年度终了之日起15日内申报缴纳税款；实行按次计征的，纳税人应当自纳税义务发生之日起15日内申报缴纳税款。

证券交易印花税按周解缴。证券交易印花税扣缴义务人应当自每周终了之日起5日内申报解缴税款以及银行结算的利息。

（三）印花税缴纳方式

印花税可以采用粘贴印花税票或者由税务机关依法开具其他完税凭证的方式缴纳。

印花税票粘贴在应税凭证上的，由纳税人在每枚税票的骑缝处盖戳注销或者画销。

（四）印花税税率表

2021年6月10日，第十三届全国人民代表大会常务委员会第二十九次会议通过了《中华人民共和国印花税法》，其规定的印花税税目税率如表3-15所示。

表 3-15　印花税税目税率

税目		税率	备注
合同（指书面合同）	借款合同	借款金额的万分之零点五	指银行业金融机构、经国务院银行业监督管理机构批准设立的其他金融机构与借款人（不包括同业拆借）的借款合同
	融资租赁合同	租金的万分之零点五	
	买卖合同	价款的万分之三	指动产买卖合同（不包括个人书立的动产买卖合同）
	承揽合同	报酬的万分之三	
	建设工程合同	价款的万分之三	
	运输合同	运输费用的万分之三	指货运同和多式联运合同（不包括管道运输合同）

税目		税率	备注
合同（指书面合同）	技术合同	价款、报酬或者使用费的万分之三	不包括专利权、专有技术使用权转让书据
	租赁合同	租金的千分之一	
	保管合同	保管费的千分之一	
	仓储合同	仓储费的千分之一	
	财产保险合同	保险费的千分之一	不包括再保险合同
产权转移	土地使用权出让书据	价款的万分之五	
	土地使用权、房屋等建筑物和构筑物所有权转让书据（不包括土地承包经营权和土地经营权转移）	价款的万分之五	转让包括买（出售）、继承、赠予、互换、分割
	股权转让书据（不包括应缴纳证券交易印花税的）	价款的万分之五	
	商标专用权、著作权、专利权、专有技术使用权转让书据	价款的万分之三	
营业账簿		实收资本（股本）、资本公积合计金额的万分之二或五	
证券交易		成交金额的千分之一	

十一、城市维护建设税

城市维护建设税，简称城建税，是我国为了加强城市的维护建设，扩大和稳定城市维护建设资金的来源，对有经营收入的单位和个人征收的一种税。

城市维护建设税，以纳税人实际缴纳的增值税、消费税税额为计税依据，分别与增值税、消费税同时缴纳。

城市维护建设税税率见表3-16。

表 3-16 城市维护建设税税率

序号	所在区域	税率
1	纳税人所在地在市区的	7%
2	纳税人所在地在县城、镇的	5%
3	纳税人所在地不在市区、县城或镇的	1%

十二、车辆购置税

车辆购置税是对在我国境内购置规定车辆的单位和个人征收的一种税，它由车辆购置附加费演变而来。就其性质而言，属于直接税的范畴。

我国车辆购置税的税率为10%。

十三、耕地占用税

耕地占用税是对占用耕地建房或者从事其他非农建设的单位或个人按其占用的耕地面积而征收的一种税，属于一次性税收。耕地占用税采用定额税率，其标准取决于所在地人均耕地的面积和经济发达程度。

耕地占用税计算公式为：应纳税额＝纳税人实际占用的耕地面积×适用税额。

耕地占用税的税额如下：

（1）人均耕地不超过一亩的地区（以县、自治县、不设区的市、市辖区为单位，下同），每平方米为10～50元。

（2）人均耕地超过一亩但不超过二亩的地区，每平方米为8～40元。

（3）人均耕地超过二亩但不超过三亩的地区，每平方米为6～30元。

（4）人均耕地超过三亩的地区，每平方米为5～25元。

十四、土地增值税

土地增值税是对土地使用权转让及建筑物出售时所产生的价格增值量征收的一种税。土地价格增值额是指转让房地产取得的收入减去规定的房地产开发成本、费用等支出后的余额。

土地增值税是以转让房地产取得的收入，减除法定扣除项目金额后的增值额作为计税依据，并按照四级超率累进税率进行征收，具体如表3-17所示。

表3-17　土地增值税税率表

级数	计税依据	适用税率	速算扣除率
1	增值额未超过扣除项目金额50%的部分	30%	0
2	增值额超过扣除项目金额50%，未超过扣除项目金额100%的部分	40%	5%
3	增值额超过扣除项目金额100%，未超过扣除项目金额200%的部分	50%	15%
4	增值额超过扣除项目金额200%的部分	60%	35%

注：房地产企业建设普通住宅出售时，增值额未超过扣除金额20%的，免征土地增值税。

十五、资源税

资源税是以开发利用国有资源的单位和个人为纳税人，以重要资源品为课税对象，旨在消除资源条件优劣对纳税人经营所得利益影响而征收的一种税。

（一）资源税纳税人

在我国领域和管辖的其他海域开发应税资源的单位和个人。

（二）资源税计征方式

资源税实行从价计征或从量计征两种方式。

（三）资源税征税范围

现行资源税税目主要有能源矿产、金属矿产、非金属矿产、水气矿产、盐五大类。

十六、城镇土地使用税

城镇土地使用税是以国有土地为征税对象，以实际占用的土地面积为计税标准，按规定税额对拥有土地使用权的单位和个人征收的一种行为税。

（一）征税范围

城市、县城、建制镇和工矿区内属于国家所有和集体所有的土地。

（二）税率

城镇土地使用税的税率见表3-18。

表 3-18　城镇土地使用税税率

序号	地区	税率
1	大城市	1.5～30元/平方米
2	中等城市	1.2～24元/平方米
3	小城市	0.9～18元/平方米
4	县城、建制镇、工矿区	0.6～12元/平方米

十七、烟叶税

烟叶税是以纳税人收购烟叶实际支付的价款总额为计税依据而征收的一种税，实行比例税率，税率为20%，由地方税务机关征收。

（一）计税依据

实际支付的价款总额＝收购价款×（1+10%），10%的部分为价外补贴。

应纳烟叶税税额＝实际支付的价款总额×20%＝烟叶收购价款×1.1×20%

（二）征收管理

纳税人收购烟叶，应当向收购地的主管税务机关申报纳税，纳税义务发生时间为收购烟叶的当天申报并缴纳期限为纳税义务发生月终了之日起15日内。

（三）收购烟叶可抵扣的增值税

收购烟叶准予抵扣的进项税额

＝（收购烟叶实际支付的价款总额＋烟叶税）×9%（或10%）

＝［收购价款×（1+实际价外补贴）＋烟叶税］×9%（或10%）

十八、环境保护税

2018年1月1日施行的《环境保护税法》和《环境保护税法实施条例》，确定了环境保护税的纳税人、征税对象、计税依据、税目税额、征收管理等制度。

（一）环境保护税的纳税人

在中华人民共和国领域和中华人民共和国管辖的其他海域，直接向环境排放应税污染物的企业事业单位和其他生产经营者为环境保护税的纳税人。对不属于直接向环境排放应税污染物的情形，比如，向依法设立的污水集中处理厂、生活垃圾集中处理厂排放应税污染物的；在符合环保标准的设施、场所贮存或者处置固体废物的；规模化养殖企业对畜禽粪便进行综合利用、符合国家有关畜禽养殖污染防治要求的，不征收环境保护税。

（二）征税对象

环境保护税的征税对象包括大气污染物、水污染物、固体废物和噪声四类。具体来讲，并不是对这四类中所有的污染物都征税，而是只对《环境保护税税目税额表》和《应税污染物和当量值表》中规定的污染物征税。并不是对纳税人排放的每一种大气污染物、水污染物都征税，而只是对每一排放口的前3项大气污染物，前5项第一类水污染物（主要是重金属）、前3项其他类水污染物征税。

下列情形，暂予免征环境保护税：

（1）农业生产（不包括规模化养殖）排放应税污染物的。

（2）机动车、铁路机车、非道路移动机械、船舶和航空器等流动污染源排放应税污染物的。

（3）依法设立的城乡污水集中处理、生活垃圾集中处理场所排放相应应税污染物，不超过国家和地方规定的排放标准的。

（4）纳税人综合利用的固体废物，符合国家和地方环境保护标准的。

（5）国务院批准免税的其他情形。

其中，第五项免税规定，应由国务院报全国人民代表大会常务委员会备案。

（三）计税依据

对大气污染物、水污染物，以污染物当量值，即排放量折合的污染当量数作为计税依据。应税污染物的排放量按下列方法和顺序计算：

（1）污染物自动监测数据。

（2）监测机构出具的符合国家有关规定和监测规范的监测数据。

（3）环境保护主管部门规定的排污系数、物料衡算方法。

（4）省级政府环保部门规定的抽样测算方法。

环境保护主管部门已于2017年12月28日印发了《纳入排污许可管理的火电等17个行业污染物排放量计算方法(含排污系数、物料衡算方法)(试行)》《未纳入排污许可管理行业适用的排污系数、物料衡算方法(试行)》两个办法。

（四）税额标准方面

目前国家对大气污染物、水污染物征收的环境保护税额标准分别不低于1.2元和1.4元；同时，鼓励地方上调收费标准，但没有规定上限。

（五）环境保护税的申报

环境保护税按月计算，按季申报缴纳。不能按固定期限计算缴纳的，可以按次申报缴纳。

纳税人申报缴纳时，应当向税务机关报送所排放应税污染物的种类、数量，大气污染物、水污染物的浓度值，以及税务机关根据实际需要要求纳税人报送的其他纳税资料。

（六）税目税额

环境保护税的税目税额如表3-19所示。

表 3-19　环境保护税税目税额表

税目	计税单位	税额	备注
大气污染物	每污染当量	1.2元至12元	
水污染物	每污染当量	1.4元至14元	

续表

	税目	计税单位	税额	备注
固体废物	某矸石	每吨	5元	
	尾矿	每吨	15元	
	危险废物	每吨	1000元	
	冶炼渣、粉煤灰、炉渣、其他固体废物（含半固态、液态废物）	每吨	25元	
噪声	工业噪声	超标1～3分贝	每月350元	1.一个单位边界上有多处噪声超标时，根据最高一处超标声级计算应纳税额；当沿边界长度超过100米有两处以上噪声超标时，按照两个单位计算应纳税额。 2.一个单位有不同地点作业场所的，应当分别计算应纳税额，合并计征。 3.昼、夜均超标的环境噪声，昼、夜分别计算应纳税额，累计计证。 4.声源一个月内超标不足15天的，减半计算应纳税额。 5.夜间频繁突发和夜间偶然突发厂界超标噪声的，按等效声级和峰值噪声两种指标中超标分贝值高的一项计算应纳税额
		超标4～6分贝	每月700元	
		超标7～9分贝	每月1 400元	
		超标10～12分贝	每月2 800元	
		超标13～15分贝	每月5 600元	
		超标16分贝	每月11 200元	

第二节　税务发票

一、增值税专用发票

增值税专用发票是由我国国家税务总局监制设计印制的，只限于增值税一般纳税人领购使用，既是纳税人反映经济活动的重要会计凭证，又是兼记销货方纳税义务和购货方进项税额的合法证明，也是增值税计算和管理中重要的、决定性的、合法的专用发票。增值税发票必须要有税号，不符合规定的发票，不得作为税收凭证。

（一）哪些情况不能领购开具专用发票

《增值税专用发票使用规定》第八条规定，一般纳税人有下列情形之一的，不得领购开具专用发票：

（1）会计核算不健全，不能向税务机关准确提供增值税销项税额、进项税额、应纳税额数据及其他有关增值税税务资料的。

上述其他有关增值税税务资料的内容，由省、自治区、直辖市和计划单列市税务局确定。

即不能按会计制度和税务机关的要求准确核算增值税的销项税额、进项税额和应纳税额者。

（2）有《税收征管法》规定的税收违法行为，拒不接受税务机关处理的。

（3）有以下行为之一，经税务机关责令限期改正而仍未改正的：

① 虚开增值税专用发票；

② 私自印制专用发票；

③ 向税务机关以外的单位和个人买取专用发票；

④ 借用他人专用发票；

⑤ 未按规定要求开具专用发票；

⑥ 未按规定保管专用发票和专用设备；

⑦ 未按规定申报办理防伪税控系统变更发行；

⑧ 未按规定接受税务机关检查。

有上列情形的，如已领购专用发票，主管税务机关应暂扣其结存的专用发票和IC卡。

（二）增值税专用发票的时间限制

《中华人民共和国增值税暂行条例实施细则》第三十八条 规定条例第十九条第一款第（一）项规定的收讫销售款项或者取得索取销售款项凭据的当天，按销售结算方式的不同，具体开票时间为：

（1）采取直接收款方式销售货物，不论货物是否发出，均为收到销售款或者取得索取销售款凭据的当天。

（2）采取托收承付和委托银行收款方式销售货物，为发出货物并办妥托收手续的当天。

（3）采取赊销和分期收款方式销售货物，为书面合同约定的收款日期的当天，无书面合同的或者书面合同没有约定收款日期的，为货物发出的当天。

（4）采取预收货款方式销售货物，为货物发出的当天，但生产销售生产工期超过12个月的大型机械设备、船舶、飞机等货物，为收到预收款或者书面合同约定的收款日期的当天。

（5）委托其他纳税人代销货物，为收到代销单位的代销清单或者收到全部或者部分货款的当天。未收到代销清单及货款的，为发出代销货物满180天的当天。

（6）销售应税劳务，为提供劳务同时收讫销售款或者取得索取销售款的凭据的当天。

（7）纳税人发生本细则第四条第（三）项至第（八）项所列视同销售货物行为，为货物移送的当天。

二、增值税普通发票

任何单位和个人在购销商品、提供或接受服务以及从事其他经营活动中，除增值税一般纳税人开具和收取的增值税专用发票之外，所开具和收取的各种收付款凭证均为普通发票。

普通发票可以由从事经营活动并办理了税务登记的纳税人领购使用，未办理税务登记的纳税人也可以向税务机关申请领购使用普通发票。

三、增值税普通发票和专用发票的区别

增值税普通发票和专用发票的区别，如图3-5所示。

增值税专用发票与增值税普通发票的最大区别在于：

（1）取得发票的纳税人是否可以依法抵扣购货进项税额。对于增值税专用发票，购货方可以凭抵扣联，依法申报认证抵扣进项税额；而普通发票，购货方不能抵扣进项税额。

发票的印制要求不同	增值税专用发票由国务院税务主管部门指定的企业印制;其他发票,按照国务院主管部门的规定,分别由省、自治区、直辖市税务局、地方税务局指定企业印制
发票使用的主体不同	增值税专用发票一般只能由增值税一般纳税人领购使用,小规模纳税人需要使用的,只能经税务机关批准后由当地的税务机关代开;而普通发票可以由从事经营活动并办理了税务登记的各种纳税人领购使用,未办理税务登记的纳税人也可以向税务机关申请领购使用普通发票
发票的内容不同	增值税专用发票除了具备购买单位、销售单位、商品或者服务的名称、商品或者劳务的数量和计量单位、单价和价款、开票单位、收款人、开票日期等普通发票所具备的内容外,还包括纳税人税务登记号、不含增值税金额、适用税率、应纳增值税额等内容
发票的作用不同	增值税专用发票不仅是购销双方收付款的凭证,还可以用作购买方扣除增值税的凭证;而普通发票除运费、收购农副产品、废旧物资按法定税率作抵扣外,其他的一律不予作抵扣用

图3-5 增值税普通发票和专用发票的区别

(2)发票的票面金额是否分列开具。增值税专用发票将票面金额一分为二,钩稽关系为"金额+税额=价税合计",其中:"金额×税率=税额";由于普通发票不具有抵扣进项税额的功能,因此,不用将价税分开,只需将价税合并开具为"金额"即可。

四、增值税专用发票代开

纳税人发生增值税应税行为需要开具增值税发票的,可以向税务机关提出代开申请。

《关于增值税发票管理等有关事项的公告》(国家税务总局公告2019年第33号)就增值税发票管理等有关事项进行了说明。公告配套的政策解读中指出,小规模纳税人,在自行开具增值税专用发票时要注意以下事项:

(1)所有小规模纳税人(其他个人除外)均可以选择使用增值税发票管理

系统自行开具增值税专用发票。

（2）自愿选择自行开具增值税专用发票的小规模纳税人，税务机关不再为其代开。需要特别说明的是，货物运输业小规模纳税人可以根据自愿原则选择自行开具增值税专用发票；未选择自行开具增值税专用发票的纳税人，按照《国家税务总局关于发布<货物运输业小规模纳税人申请代开增值税专用发票管理办法>的公告》（国家税务总局公告2017年第55号，国家税务总局公告2018年第31号修改并发布）相关规定，向税务机关申请代开。

（3）自愿选择自行开具增值税专用发票的小规模纳税人销售其取得的不动产，需要开具增值税专用发票的，税务机关不再为其代开。

五、虚开发票的后果

（一）虚开增值税专用发票

《中华人民共和国刑法》第二百零五条明确规定，虚开增值税专用发票或者虚开用于骗取出口退税、抵扣税款的其他发票的，处三年以下有期徒刑或者拘役，并处二万元以上二十万元以下罚金；虚开的税款数额较大或者有其他严重情节的，处三年以上十年以下有期徒刑，并处五万元以上五十万元以下罚金；虚开的税款数额巨大或者有其他特别严重情节的，处十年以上有期徒刑或者无期徒刑，并处五万元以上五十万元以下罚金或者没收财产。

单位犯上述规定之罪的，对单位判处罚金，并对其直接负责的主管人员和其他直接责任人员，处三年以下有期徒刑或者拘役；虚开的税款数额较大或者有其他严重情节的，处三年以上十年以下有期徒刑；虚开的税款数额巨大或者有其他特别严重情节的，处十年以上有期徒刑或者无期徒刑。

（二）虚开普通发票

《中华人民共和国刑法》中第二百零五条之一规定：虚开本法第二百零五条规定以外的其他发票，情节严重的，处二年以下有期徒刑、拘役或者管制，并处罚金；情节特别严重的，处二年以上七年以下有期徒刑，并处罚金。

虚开增值税专用发票的后果十分严重，纳税人为了逃避税收故意虚开增值税专用发票的，必将受到刑事处罚。

第三节 税务检查

税务检查（包括税务稽查），是税务机关根据国家税收法律、法规以及财务会计制度的规定，对纳税人是否正确履行纳税义务的情况进行检查和监督，以充分发挥税收职能作用的一种管理活动。

一、税务检查的内容

税务检查的内容主要包括以下几个方面：

（1）检查纳税人执行国家税收政策和税收法规的情况。

（2）检查纳税人遵守财经纪律和财会制度的情况。

（3）检查纳税人的生产经营管理和经济核算情况。

（4）检查纳税人遵守和执行税收征收管理制度的情况，检查其是否存在不按纳税程序办事和违反征管制度等问题。

二、税务检查的方法

税务机关进行税务检查时，常用的方法如图3-6所示。

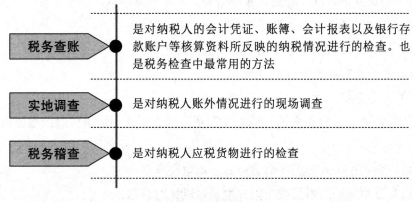

图3-6 税务检查的方法

三、税务专项检查的应对措施

税务专项检查不同于日常检查，在检查范围、检查力度、监督管理、定性处理等方面，税务专项检查的标准和要求将会更高，专项检查不仅会触及企业的各个方面和层次，也会暴露出企业隐含的诸多涉税问题。对于税务专项检查，企业应当高度重视，并采取必要的应对措施，切实维护自己的合法权益，减少经济损失。

（一）检查前做好自查自纠工作，尽早排除涉税风险

企业要充分认识到税务专项检查的严肃性和紧迫性，不要抱有任何侥幸心理；应当未雨绸缪，提前做好充分准备，积极应对即将面临的税务专项检查。对可能存在的涉税问题，企业切不可听之任之，否则会造成严重的经济损失。在接受税务专项检查之前，企业应根据自身的生产经营特点、财务核算和纳税申报情况，依据有关税收法律、法规的规定，认真排查可能存在的涉税风险，积极做好自查自纠工作，并及时采取补救措施，提前排除有关涉税问题。

企业应认真自查，确定是否存在以下41种异常情况：

（1）商贸公司进、销严重背离，如大量购进手机，销售的却是钢材。

（2）企业长期存在增值税留抵异常现象。

（3）企业增值税税负异常偏低。

（4）企业增值税税负异常偏高。

（5）公司常年亏损，导致企业所得税贡献率异常偏低。

（6）公司自开业以来长期零申报。

（7）公司存在大量现金交易，却不通过对公账户。

（8）企业的往来账户挂账过大。

（9）企业存货过大。

（10）企业大量取得未填写纳税人识别号或统一社会信用代码的增值税普通发票。

（11）企业存在大量无清单的办公品增值税发票。

（12）公司缴纳的增值税与附加税费金额比对异常。

（13）企业连续三年以上盈利，但从来不向股东分红。

（14）企业存在大量发票抬头为个人的不正常费用。

（15）企业所得税申报表中的利润数据和报送的财务报表数据不一致，存在异常。

（16）增值税纳税申报表附表一中"未开票收入"存在负数异常。

（17）增值税申报表中申报的销售额与增值税开票系统中的销售额不一致，存在预警风险。

（18）无免税备案但存在免税销售额异常。

（19）无简易征收备案但存在简易计税销售额预警风险。

（20）开票项目与实际经营范围严重不符。

（21）增值税纳税申报表附表二中"进项税额转出"存在负数异常。

（22）公司只有销项但是从来没有进项，出现异常。

（23）公司只有进项但是从来没有销项，出现异常。

（24）新成立的公司频繁出现发票增量异常。

（25）新成立的公司突然出现短期内开票额突增异常。

（26）工资薪金的个人所得税人均税款偏低异常。

（27）个人取得两处及两处以上工资薪金所得未合并申报。

（28）同一单位员工同时存在工资薪金所得与劳务报酬所得异常。

（29）个人所得税和企业所得税申报的工资总额不符，出现异常。

（30）期间费用率偏高异常。

（31）大部分发票顶额开具，发票开具金额满额度明显偏高异常。

（32）存在大量农产品抵扣异常。

（33）公司账面没有车辆但是存在大量加油费用等。

（34）外埠进项或销项税额比重严重过高。

（35）增值税专用发票用量异常。

（36）纳税人销售货物，发票价格变动异常。

（37）法人户籍非本地、法人设立异常集中。

（38）企业大量存在"会务费""材料一批""咨询费""服务费""培训费"等无证据链的关键词。

（39）少缴或不缴社保。如，试用期不入社保；高工资却按最低基数缴纳社保。

（40）企业代别人挂靠社保。

（41）员工自愿放弃，企业因此没有为其入社保。

（二）审查税务检查的合法性，要求有利害关系的检查人员回避

税务机关在对企业进行检查时，应依法向企业下达正规的《税务检查通知书》，并由两名以上检查人员共同实施，同时向被查企业出示《税务检查证》。如果检查人员没有依法下达《税务检查通知书》，或者没有出示《税务检查证》，企业可以拒绝检查，以防止个别检查人员滥用检查权，侵害企业的利益。

如果被查企业与检查人员存在利害关系，担心检查人员滥用职权、趁机对企业进行打击报复，被查企业可以向该税务稽查局要求相关检查人员回避。如果有利害关系的检查人员没有回避，并且存在滥用职权、故意打击报复的行为，给企业造成了经济损失，被查企业可以收集相关证据，以便将来依法行使陈述申辩、听证、复议和诉讼的权利，维护企业的合法权益。

（三）积极陈述申辩、提供有关资料、尽早澄清事实

被查企业通常都是在收到《税务行政处罚事项告知书》之后才进行陈述申辩，其实，在税务机关作出处罚决定之前，企业随时都可以陈述申辩。既可以在检查后对拟处罚决定进行陈述申辩，也可以在检查中对涉税问题进行陈述申辩。被查企业如果对检查人员认定的某项违反事实有异议，应当尽可能同时提供不同的证据和依据，争取在案件移交审理环节之前澄清事实，尽早避免错案发生，减少经济损失；另外，被查企业如果对既成偷税行为不是主观故意，也可以在陈述申辩的时候讲明情况，请求税务机关给予最低额度的罚款，以便将损失降到最低程度。

（四）对违法取得的证据，不予认可

税务稽查人员调查取证时，不得违反法定程序搜集证据材料；不得以偷拍、偷录、窃听等手段获取侵害他人合法权益的证据材料；不得以利诱、欺诈、胁迫、暴力等不正当手段获取证据材料。在法律上，违法取得的证据不能作为定案的依据，被查企业对涉及的违法事实可以不予认可。如果税务机关依据这些证据进行处理、处罚，被查企业可以依法要求听证、复议或诉讼，来维护企业的合法权益。

（五）认真审核《税务检查工作底稿》，慎重签署企业意见

《税务检查工作底稿》是检查人员对违法事实所涉及的业务情况和数据进行的描述，也是证据的组成部分。因此，企业对待《税务检查工作底稿》要慎重，不能草率签下"情况属实"的字样，在签署意见之前，要先根据《税务检查工作底稿》中所涉及的业务和数据，查找企业相关的会计资料，认真核实，然后再根据核对情况签署企业的真实意见。

（六）可以采取预缴涉案税款，尽量减少经济损失

在税务检查中，检查人员只要发现被查企业有未按期缴纳或者解缴税款的行为，就会根据规定对少缴纳的税款加收万分之五的滞纳金。虽然滞纳金在计算比例上很低，但是如果滞纳税款的时间较长，就可能使滞纳金累积成一个很大的数额。

税务检查人员从查出涉案税款到下达《税务处理决定书》，必须严格按照稽查规程履行一系列检查工作程序，这个过程需要一段时间，这样必然会延长滞纳税款的时间。

因此，被查企业在检查中要积极、主动地与税务检查人员进行沟通，沟通的目的不仅是要及时澄清一些非违法行为，还可以了解检查中所涉嫌的违法问题。被查企业对于税务机关查出的涉案税款，如果在将来的听证、复议和诉讼中胜算把握不大，就应当考虑在收到《税务处理决定书》之前，甚至在检查过程中尽早缴纳有关税款，以缩短滞纳税款的时间，减少滞纳金的收取。被查企业在检查中预缴涉案税款，也体现了其积极配合检查的态度，可以争取税务机关的从轻处罚。

（七）依法行使权利，不要错过时机

被查企业除享有陈述申辩的权利之外，对罚款还享有听证、复议和诉讼的权利，对税款和滞纳金享有复议和诉讼的权利，行使这些权利都有时间上的限制，《税务行政处罚事项告知书》《税务处理决定书》和《税务行政处罚决定书》上都写明了被查企业行使相关权利的途径、条件和期限，如果被查企业对其中的事项存有异议，切记不要错过行使相关权利的最佳时机。

（八）被强制执行时，要防止财产非正常损失

被查企业如果未按照规定的期限缴纳或者解缴税款，经责令限期缴纳而逾期仍未缴纳的；或者对罚款逾期不申请行政复议，也不向人民法院起诉，又不履行的，税务机关可能要依法采取强制执行措施。在这个过程中，被查企业虽然处于被强制执行的不利地位，但仍要关注企业的正当权益不能受到侵害。

（1）扣缴存款不能超过应纳税款、罚款和滞纳金的总金额。

（2）税务机关在对财产进行变现时，要按照法定的顺序进行，不能随意选择处理财产的方式，造成财产被低价处理，从而使被查企业蒙受额外的经济损失。

（3）拍卖或者变卖所得抵缴税款、滞纳金、罚款以及拍卖、变卖等费用后，剩余部分应当退还被执行人。

如果税务机关采取强制措施不当，给被查企业造成了经济损失，被查企业可以进行复议或诉讼，并要求税务机关对造成的损失进行赔偿。

第四节　减免税与出口退税

一、免税和减税

减免税是国家为了实现一定的政治经济政策，给某些纳税人或征税对象的一种鼓励或特殊照顾。减税是从应征税款中减征部分税款；免税是免征全部税款。

（一）法定免税

法定免税是指在税法中列举的免税条款。这类免税，免税期限一般较长或无期限，免税内容具有较强的稳定性，一旦列入税法，没有特殊情况，一般不会修改或取消。这类免税主要是从国家（或地区）国民经济宏观发展及产业规划的大局出发，对一些需要鼓励发展的项目或社会关系稳定的行业领域，给予税收扶持或照顾，具有长期的适用性和较强的政策性。如，按照《中华人民共

和国增值税暂行条例》第十五条的规定，对农业生产者销售的自产农产品免征增值税，对直接用于科学研究、科学试验和教学的进口仪器、设备免征增值税。

（二）特定免税

特定免税是根据政治、经济情况发生的变化和贯彻税收政策的需要，对个别的、特殊的情况专案所规定的免税条款。这类免税，一般是在税法中不能或不宜一一列举而采用的政策措施，或者是在经济情况发生变化后作出的免税补充条款。这类免税范围较小，免税期限较短，免税对象具体明确，主要是具体的个别纳税人或某些特定的征税对象及具体的经营业务。这种免税规定，具有灵活性、不确定性和较强的限制性，需要纳税人先提出申请，提供符合免税条件的有关证明文件和相关资料，然后经当地主管税务机关审核或逐级上报最高主管税务机关审核批准，才能享受免税的优惠。

（三）临时免税

临时免税是对因遭受特殊困难而无力履行纳税义务，或因特殊原因要求减除纳税义务的个别纳税人，就其应履行的纳税义务给予豁免的特殊规定。这类免税一般在税收法律、法规中只作原则性规定，并不限于哪类行业或者项目。这类免税通常是定期的或一次性的，具有不确定性和不可预见性的特征。因此，这类免税与特定免税一样，需要纳税人先提出申请，然后经税务机关在规定的权限内审核批准，才能享受免税政策。

二、退税

退税是指因某种原因，税务机关将已征税款按规定程序，退给原纳税人。需要退税的情况主要包括：

（1）因工作差错而发生的多征。

（2）政策性退税，如税收政策变动。

（3）其他原因的退税。

退税程序：纳税人向税务机关提出退税申请，经税务机关审批后，根据不同情况予以办理。

第五节　偷税漏税与税收筹划

一、偷税漏税的情形及处罚

（一）偷税漏税的情形

偷税漏税是指纳税人故意违反税收法规，采用欺骗、隐瞒等方式，逃避纳税的违法行为。纳税人为了逃避纳税，可能会发生故意少报、瞒报应税项目、销售收入和经营利润；故意虚增成本、乱摊费用，缩小应税所得额；转移财产、收入和利润；伪造、涂改、销毁账册票据或记账凭证等行为。

相关法律规定的偷税漏税情形，如图3-7所示。

情形一	伪造，设立虚假的账簿、记账凭证；变造，对账簿、记账凭证进行挖补、涂改等；隐匿和擅自销毁账簿、记账凭证
情形二	在账簿上多列支出，以冲抵或减少实际收入；或者不列、少列收入
情形三	不按照规定办理纳税申报，经税务机关通知申报后，仍然拒不申报
情形四	进行虚假的纳税申报，即在纳税申报过程中，制造虚假情况。比如，不如实填写或者提供纳税申报表、财务会计报表及其他纳税资料等

图3-7　偷税漏税的情形

（二）"偷税漏税罪"怎么处罚

根据《中华人民共和国刑法》第二百零一条及第二百一十一条的规定，逃税罪的处罚方式如下：

1.对自然人的处罚

第二百零一条规定：纳税人采取欺骗、隐瞒手段进行虚假纳税申报或者不申报，逃避缴纳税款数额较大并且占应纳税额百分之十以上的，处三年以下有期徒刑或者拘役，并处罚金；数额巨大并且占应纳税额百分之三十以上的，处三年以上七年以下有期徒刑，并处罚金。

扣缴义务人采取前款所列手段，不缴或者少缴已扣、已收税款，数额较大的，依照前款的规定处罚。

对多次实施前两款行为，未经处理的，按照累计数额计算。

有第一款行为，经税务机关依法下达追缴通知后，补缴应纳税款，缴纳滞纳金，已受行政处罚的，不予追究刑事责任；但是，五年内因逃避缴纳税款受过刑事处罚或者被税务机关给予二次以上行政处罚的除外。

2.对单位的处罚

第二百一十一条规定：单位犯第二百零一条、第二百零三条、第二百零四条、第二百零七条、第二百零八条、第二百零九条规定之罪的，对单位判处罚金，并对其直接负责的主管人员和其他直接责任人员，依照各该条的规定处罚。

二、税收筹划

税收筹划，即在法律规定许可的范围内，对经营、投资、理财活动进行事先筹划和安排，来达到节税的目的。

（一）税收筹划的内容

税收筹划的内容，如表3-20所示。

表3-20 税收筹划的内容

序号	内容	说明
1	避税筹划	避税筹划是指纳税人采用非违法手段（即表面上符合税法条文但实质上却违背立法精神），利用税法中的漏洞、空白获取税收利益的筹划。避税筹划既不违法也不合法，与纳税人不尊重法律的偷逃税有着本质区别。国家只能采取反避税措施加以控制（即不断完善税法、填补空白、堵塞漏洞）
2	节税筹划	节税筹划是指纳税人在不违背立法精神的前提下，充分利用税法中固有的起征点、减免税等一系列优惠政策，对筹资、投资和经营等活动进行巧妙安排，达到少缴税甚至不缴税目的的行为
3	转嫁筹划	转嫁筹划是指纳税人为了达到减轻税负的目的，通过价格调整将税负转嫁给他人的经济行为

续表

序号	内容	说明
4	实现涉税零风险	是指纳税人账目清楚，纳税申报正确，税款缴纳及时、足额，不会出现任何有关税收方面的处罚，即在税收方面达到没有任何风险，或风险极小可以忽略不计的一种状态。这种状态的实现，虽然不能使纳税人直接获取税收上的好处，但却能间接地获取一定的经济利益，而且这种状态的实现，更有利于企业的长远发展与规模扩大

（二）税收筹划的途径

税收筹划的途径，如图3-8所示。

选择低税负方案	滞延纳税时间
即在多种纳税方案中选择税负低的方案，也就意味着选择低的税收成本	纳税期的滞延，相当于企业在滞延期内得到一笔与滞延税款相等的政府无息贷款

图3-8　税收筹划的途径

三、最好的筹划——依法纳税

金税三期系统，实现了国税与地税数据的合并及统一，并且能对税务系统的业务流程进行全面监控。而金税四期系统，除税务业务外，还纳入了"非税"业务，实现对业务更全面的监控。

2019年6月26日，中国人民银行、工业和信息化部、国家税务总局、国家市场监督管理总局四部门联合召开企业信息联网核查系统启动会。中国工商银行、交通银行、中信银行、中国民生银行、招商银行、广发银行、平安银行、上海浦东发展银行8大银行作为首批用户接入了企业信息联网核查系统。企业信息联网核查系统最大的亮点就是搭建了各部委、人民银行以及其他银行等参与机构之间信息共享、核查的通道，实现了企业相关人员手机号码、企业纳税状态、企业登记注册信息核查三大功能。

随着金税四期系统的快速推进，我国预计将会构建更强大的现代化税收征管系统，实现全国范围内税务管理征收业务的通办，及"税费"全数据、全业务、全流程、全数据"云化"打通，进而为智能办税、智慧监管提供条件和基础。

面对金税四期系统的上线，未来企业做到财务合规和税务合规，才是唯一的出路。规范做账和依法纳税，就是最好的税务筹划。越规范、越节税、风险也越低。

第四章

内部控制与
内部审计

引言:

内部控制的目的是保护资产的安全完整,而内部审计则是财务管控的最终防线。内部审计的对象涉及多方面的内容,但主要还是对内部控制进行检查、监督和评价。两者都可以促进企业经营目标的实现。

第一节　内部控制——保护资产的安全完整

内部控制，是指企业为了保护资产的安全完整，保证会计信息资料的正确可靠，确保经营方针的贯彻执行，保证经营活动的经济性、效率性和效果性，而在内部采取的一系列自我调整、约束、规划、评价和控制的方法、手段与措施。

一、内部控制的要素

企业建立与实施有效的内部控制，应当包括图4-1所示的要素。

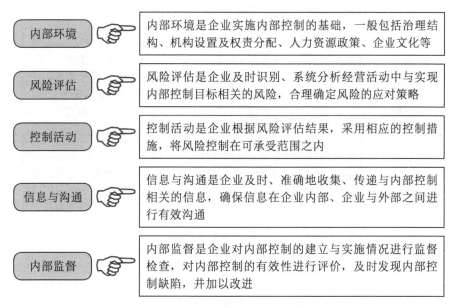

图4-1　内部控制的要素

二、内部控制的作用

内部控制系统有助于企业实现既定的经营目标，它在经营管理和监督中的主要作用，如图4-2所示。

作用一 提高会计信息资料的正确性和可靠性

企业决策层要想在瞬息万变的竞争市场中有效地管理企业，就必须及时掌握各种信息，以确保决策的正确性。而建立内部控制系统可以提高会计信息的正确性和可靠性

作用二 保证生产和经营活动顺利进行

内部控制系统通过确定职责分工，严格各种手续、制度、工艺流程、审批程序、检查监督手段等，可以有效地控制企业生产和经营活动的顺利进行，防止出现偏差，及时纠正错误，从而保证企业经营目标的实现

作用三 保护企业财产的安全完整

财产物资是企业从事生产经营活动的物质基础。内部控制可以通过适当的方法对货币资金的收入、支出、结余以及各项财产物资的采购、验收、保管、领用、销售等活动进行控制，防止贪污、盗窃、滥用、毁坏等不法行为的发生，以保证财产物资的安全完整

作用四 保证企业既定方针的贯彻执行

企业决策层不但要制定管理经营方针、政策、制度，还要狠抓其贯彻执行情况。内部控制可以通过袄定办法、审核批准、监督检查等手段促使全体职工贯彻和执行既定的方针、政策和制度，同时，可以促使企业领导和有关人员在遵守国家法规纪律的前提下认真贯彻企业的既定方针

作用五 为审计工作提供良好的基础

审计监督必须以真实可靠的会计信息为依据，才能更好地检查错误、揭露弊端、评价经济责任和经济效益。只有具备了完善的内部控制制度，才能保证信息的准确、资料的真实，并为审计工作提供良好的基础

图4-2 内部控制的作用

总之，良好的内部控制系统不仅可以有效地防止各项资源的浪费和舞弊的发生，还可以提高生产、经营和管理效率，降低企业成本费用，提高企业经济效益。

三、内部控制的种类

内部控制制度的重点是严格会计管理工作，设计合理有效的组织机构和职务分工，实施岗位责任分明的标准化业务处理程序。根据其作用范围，内部控制大体可以分为内部会计控制和内部管理控制，具体如图4-3所示。

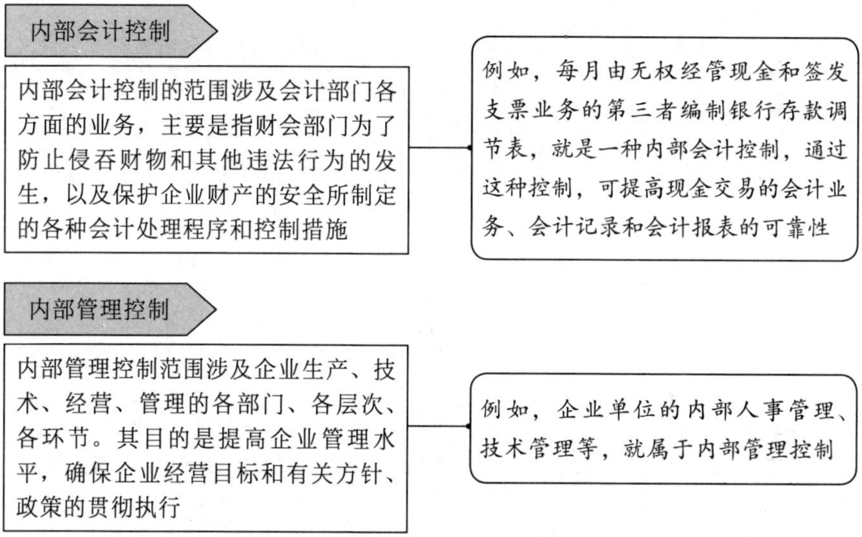

内部会计控制

内部会计控制的范围涉及会计部门各方面的业务，主要是指财会部门为了防止侵吞财物和其他违法行为的发生，以及保护企业财产的安全所制定的各种会计处理程序和控制措施

例如，每月由无权经管现金和签发支票业务的第三者编制银行存款调节表，就是一种内部会计控制，通过这种控制，可提高现金交易的会计业务、会计记录和会计报表的可靠性

内部管理控制

内部管理控制范围涉及企业生产、技术、经营、管理的各部门、各层次、各环节。其目的是提高企业管理水平，确保企业经营目标和有关方针、政策的贯彻执行

例如，企业单位的内部人事管理、技术管理等，就属于内部管理控制

图4-3　内部控制的种类

四、内部控制的原则

内部控制要遵循表4-1所示的七个原则。

五、内部控制的一般方法

内部控制的一般方法，如图4-4所示。

表 4-1　内部控制的原则

序号	原则	说明
1	合法性原则	企业必须以国家的法律法规为准绳，在国家的规章制度范围内，为本企业制定切实可行的财务内控制度
2	整体性原则	企业的财务内控制度必须充分考虑企业财务会计工作的各个方面，既要符合企业的长期规划，又要注重企业的短期目标，还要与企业的其他内控制度相互协调
3	针对性原则	企业要从自身实际情况出发，针对企业财务会计工作中的薄弱环节制定企业切实有效的内控制度，并对各个环节和细节进行有效控制，以提高企业的财务会计水平
4	一贯性原则	企业的财务内控制度必须具有连续性和一致性
5	适应性原则	企业财务内控制度应根据企业变化的情况及财务会计专业的发展及社会发展情况得到及时的补充与完善
6	经济性原则	企业财务内控制度的建立要考虑成本效益原则，也就是说企业财务控制制度的操作性要强，要切实可行
7	发展性原则	企业财务内控制度要以未来为着眼点，充分考虑宏观政策和企业的发展，密切观察竞争者的动向，制定出具有发展性的财务内控制度

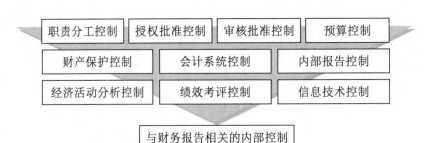

图 4-4　内部控制的一般方法

（一）职责分工控制

职责分工控制要求企业根据经营目标和职能任务，按照科学、精简、高效的原则，合理设置职能部门和工作岗位，明确各部门、各岗位的职责权限，形成各司其职、各负其责、便于考核、相互制约的工作机制。

企业在确定职责分工的过程中，应当充分考虑不相容职务相互分离的制衡要求，合理设置会计及相关工作岗位，明确职责权限，形成相互制衡的机制。主要包括：授权批准、业务经办、会计记录、财产保管、稽核检查等职务。

（二）授权批准控制

授权批准控制要求企业根据职责分工，明确各部门、各岗位办理经济业务与事项的权限范围、审批程序和相应责任等内容。企业内部各级管理人员必须在授权范围内行使职权和承担责任，业务经办人员必须在授权范围内办理业务。

（三）审核批准控制

审核批准控制要求企业各部门、各岗位按照规定的授权和程序，对相关经济业务和事项的真实性、合规性、合理性以及有关资料的完整性进行复核与审查，通过签署意见并签字或者盖章，作出批准、不予批准或者其他处理的决定。

（四）预算控制

预算控制要求企业加强预算控制、执行、分析、考核等环节的管理，明确预算项目，建立预算标准，规范预算的编制、审定、下达和执行程序，及时分析和控制预算差异，采取改进措施，确保预算的执行。实行预算内资金责任人限额审批，限额以上资金集体审批的制度，严格控制无预算的资金支出。

（五）财产保护控制

财产保护控制要求企业限制未经授权的人员直接接触和处置财产，采取财产记录、实物保管、定期盘点、账实核对、财产保险等措施，确保财产的安全完整。

（六）会计系统控制

会计系统控制要求企业根据《中华人民共和国会计法》《企业会计准则》和国家统一的会计制度，制定适合本企业的会计制度，明确会计凭证、会计账簿和财务会计报告以及相关信息披露的处理程序，规范会计政策的选用标准和审批程序，建立、完善会计档案保管和会计工作交接办法，实行会计人员岗位责任制，充分发挥会计岗位的监督职能，确保企业财务会计报告的真实、准确、完整。

（七）内部报告控制

内部报告控制要求企业建立和完善内部报告制度，明确相关信息的收集、分析、报告和处理程序，及时提供业务活动中的重要信息，全面反映经济活动的情况，增强内部管理的时效性和针对性。

内部报告方式通常包括：例行报告、实时报告、专题报告、综合报告等。

（八）经济活动分析控制

经济活动分析控制要求企业综合利用生产、购销、投资、财务等方面的信息，使用因素分析、对比分析、趋势分析等方法，定期对企业经营管理活动进行分析，及时发现问题、查找原因，并提出改进意见和应对措施。

（九）绩效考评控制

绩效考评控制要求企业科学设置业绩考核指标体系，对照预算指标、盈利水平、投资回报率、安全生产目标等业绩指标，对各部门和员工的当期业绩进行考核和评价，强化对各部门和员工的激励与约束。

（十）信息技术控制

信息技术控制要求企业结合实际情况和计算机信息技术的应用程度，建立与本企业经营管理业务相适应的信息化控制流程，尽可能用系统自动控制代替人工控制，来提高业务处理效率，减少和消除人为操纵因素。同时也要加强对计算机信息系统开发与维护、访问与变更、数据输入与输出、文件储存与保管、网络安全等方面的控制，保证信息系统安全、有效运行。

（十一）与财务报告相关的内部控制

与财务报告相关的内部控制可以被定义为一个流程，由公司的首席执行官和财务总监或类似人员设计、监督，由公司董事会、管理层和其他相关人员执行，从而对财务报告的可靠性，以及财务报告编制的合规性提供合理保证。这一流程包括如下政策和程序：

（1）公司的相关记录正确、公允地反映了公司对交易的记录和对资产的处置。

（2）公司的相关交易记录能够为公司按照公认的会计准则编制财务报告提供合理的保证，公司的收入和支出都经过了公司管理层和董事会的授权批准。

（3）能够防止和及时发现对财务报告产生重大影响的非法行为，如对公司资产不合法的占有、利用和处置。

第二节　内部审计——财务管控的最终防线

一、审计监控的方式

审计监控有三种方式，如图4-5所示。

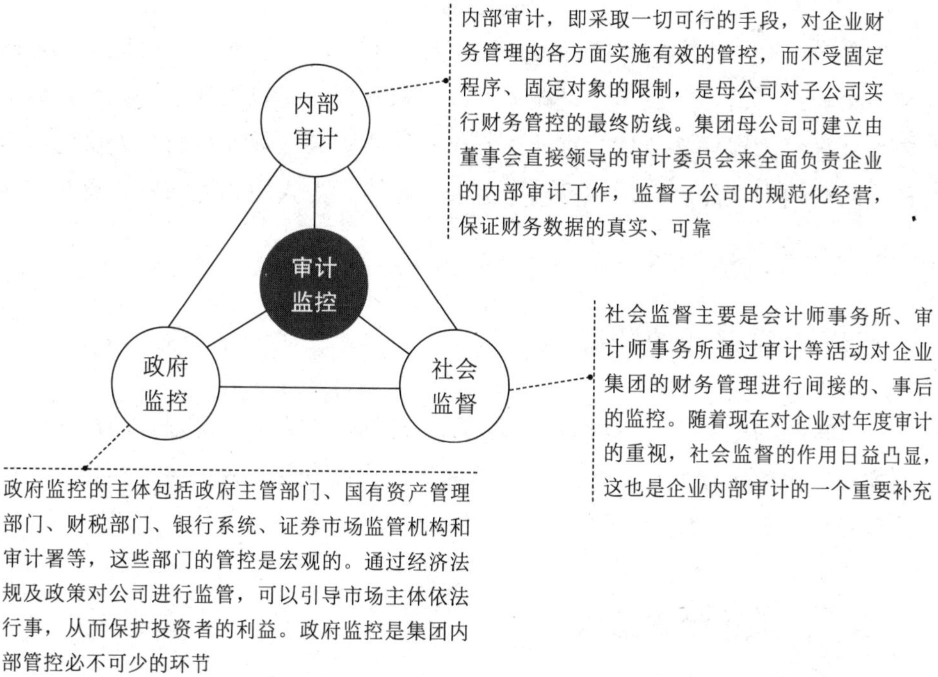
内部审计
审计监控
政府监控
社会监督
内部审计，即采取一切可行的手段，对企业财务管理的各方面实施有效的管控，而不受固定程序、固定对象的限制，是母公司对子公司实行财务管控的最终防线。集团母公司可建立由董事会直接领导的审计委员会来全面负责企业的内部审计工作，监督子公司的规范化经营，保证财务数据的真实、可靠
社会监督主要是会计师事务所、审计师事务所通过审计等活动对企业集团的财务管理进行间接的、事后的监控。随着现在对企业对年度审计的重视，社会监督的作用日益凸显，这也是企业内部审计的一个重要补充
政府监控的主体包括政府主管部门、国有资产管理部门、财税部门、银行系统、证券市场监管机构和审计署等，这些部门的管控是宏观的。通过经济法规及政策对公司进行监管，可以引导市场主体依法行事，从而保护投资者的利益。政府监控是集团内部管控必不可少的环节

图4-5　审计监控的三种方式

二、内部审计的重要性

（一）保证企业内部约束机制的建立健全、企业的健康发展

企业内部审计机构和人员凭借专业的技术和方法，通过事前、事中和事后审计，可督促企业遵守国家财经法规和企业规章制度；及时发现内部控制中的问题，并提出意见和建议；使已经发生的问题得到及时纠正和处理，以保证企业生产经营活动健康有序地运行和发展。

（二）防范经营风险和财务风险

企业内部审计机构和人员通过对企业内部控制制度完善程度的测试和评价，可及时发现存在的经营风险和财务风险，并借助专业手段对风险程度进行分析评价，让企业决策者和经营管理者及时采取有效措施，规避经营风险和财务风险，或者使风险的损失减少到最低限度，从而有效地维护企业的生存和发展。

（三）加强企业经营者队伍的管理

企业内部审计机构和审计人员通过审计，可使不少腐败分子得以暴露，既能纯洁企业经营管理者队伍，又能让广大经营管理者引以为戒。广泛地开展企业内部领导经济责任（离任）审计，不仅可以客观公正地评价有关人员的经济责任，明确他们在经济活动中的功过是非，还可以为人力资源部门考察和使用干部提供重要依据。

三、内部审计的职能

内部审计的职能是指内部审计本身所固有的内在功能，可以反映出内部审计的本质。内部审计的职能随着审计目标的变化而变化，并始终为实现企业的审计目标而服务。内部审计的具体职能如表4-2所示。

四、内部审计的层次

内部审计可分三个层次，如图4-6所示。

表 4-2　内部审计的具体职能

序号	职能	说明
1	进行价值管理	内部审计人员从经济性（最低的成本）、效率（资源最合理的利用）、效果（最佳的结果）三方面关注公司的资源使用情况
2	企业信息系统的审计	通过内部审计，判定公司信息系统是否为报表编制提供可靠的信息，内控制度是否能有效降低错报、漏报风险
3	开展项目审计	对特定项目进行审计时，例如，建立新的信息系统、开设新的生产加工区等，内部审计负责鉴定项目的目标是否能够实现，项目是否按计划运行，是否能够从项目的失败中总结经验等
4	进行内部财务审计	这是传统意义上的内部审计内容，内部审计部门可以例行检查编制财务报表的财务记录与支持文件，以减少错误与舞弊事件的发生；还可以对财务数据进行趋势分析等
5	开展经营审计	内部审计部门可以对采购、市场营销、人力资源等经营部门开展经营审计，通过检查与复核内部控制的有效性，提出可以进一步提高业绩与改善管理的建议与对策等

层次三：世界先进水平的内审

对公司经营管理各方面政策、规章、制度的完善性与有效性进行审计。其目的是实现公司利益的最大化，确保公司资源得到最高效和最经济的利用

层次二：较高水平的内审

对公司经营管理各方面政策、规章、制度的执行情况进行审计。其目的是监督公司规章制度的执行，协助管理层发现并制止任何违反公司规章制度的行为

层次一：基本内部审计

单纯的财务审计，主要是确定财务、经营数据的真实性、准确性和完整性，并界定管理者的经济责任

图 4-6　内部审计的层次

五、内部审计的内容

内部审计的内容，如表 4-3 所示。

表 4-3　内部审计的内容

序号	内容	说明
1	财务审计	财务审计是对企业资产、负债、损益的真实、合法、效益进行审计监督，并对企业会计报表所反映的会计信息依法作出客观、公正的评价，其目的是揭露和反映企业资产、负债和盈亏的真实情况，发现并采取措施化解企业财务收支中各种违法违规问题

续表

序号	内容	说明
2	经营审计	经营审计是指对企业生产经营全过程的合理性和生产力诸要素开发利用的经济性、效率性与效果性的实现程度进行审查，旨在帮助企业挖掘人、财、物的潜力，改善经营工作。其审查内容主要包括物资供应审查、生产组织审查、技术工艺审查、资源利用审查、成本审查、存货资金审查、产品销售审查等
3	管理审计	内部管理审计通常是指对管理制度和管理工作所进行的审计。其审查内容一般包括两个方面：一是审查企业的管理职能；二是审查企业各管理职能部门的业务
4	风险管理	风险管理是企业识别、衡量和分析潜在的事故或损失，并对其进行有效控制，以最经济合理的方法应对，实现安全最大化的过程。一般而言，内部审计人员参与风险管理的主要内容为： （1）监督和评价企业风险管理体系的有效性 （2）评价与企业有关的管理、经营和信息系统的风险

六、内部审计的范围

内部审计的范围，如图4-7所示。

财务收支审计

- 核查财务和经营数据的合法性、真实性和完整性（包括财务报表和必要的原始凭证、账簿）
- 对数据的收集、衡量、分类、汇总所采用的方法进行检查

专案审计

- 对严重违反财经纪律，侵占国家、公司资产，严重损失浪费等损害国家、公司利益的行为进行专案审计

专项审计

- **管理、效益审计：**对财务收支计划、投资和经费预算、信贷计划、外汇收支计划和经济合同的执行以及经济效益进行审计监督
- **专题调查：**对基建项目（招标外包）、管理层关注的问题等进行专题审计
- **任期、离任审计：**对被审单位负责人在任职期间职责履行情况进行审计；配合上级审计机构对公司主要领导人及所属公司主要领导人的离任经济责任进行审计

图4-7　内部审计的范围

七、内部审计的方式

内部审计的方式，如图4-8所示。

报送审计 · 被审单位接到审计通知书后，应在指定时间内将有关材料送至审计机构，接受审计检查

就地审计 · 审计人员到被审单位进行审计，由被审单位提供必要的工作、生活条件

图4-8　内部审计的方式

八、内部审计的一般工作流程

内部审计的一般工作流程，如图4-9所示。

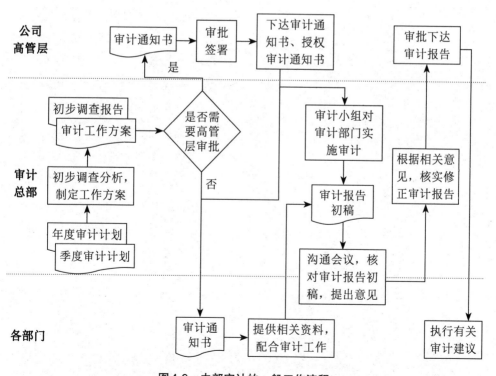

图4-9　内部审计的一般工作流程

第五章

企业财务风险管理常识

引言：

　　企业的发展是存在风险的。在企业管理中，财务是不可或缺的一部分，所以，财务中存在的风险会阻碍企业的成长与发展。财务风险是指企业在进行各项财务活动时，受到内外部环境以及各种因素的影响，使企业的收益与预期目标不一致而导致的经济损失。企业的财务风险是客观存在的，管理者只能采取有效的措施来降低风险，但不可能将其全部消除。

第一节 企业财务风险类别及成因

一、流动性风险

（一）何谓流动性风险

流动性风险是指市场的变化导致企业交易量不够，或者是交易对手的缺少，企业无法在预定的时间内完成交易。所有的市场都有流动性风险，如证券、基金、货币等。

（二）流动性风险的成因

流动性风险主要源于企业无法应对因负债下降或资产增多而导致的流动性困难。当企业缺乏流动性时，就不能依靠负债增加或快速变现资产来筹集充分的资金，因而会影响企业的盈利能力，严重时还会导致企业倒闭。

二、信用风险

（一）何谓信用风险

信用风险又称为违约风险，是指交易对手没能执行约定而造成的风险，即受信人不能如期偿还本息而使授信人的预期和现实收益发生不符，这也是金融风险最主要的类型。在过去的几年中，管理信用风险的信用衍生工具成长迅速，恰当使用信用衍生工具可以减少投资者的信用风险。

（二）信用风险的成因

信用风险是负债者因为不能及时偿还全部债务而违反契约的可能性。发生违约时，债权人将不能获得预期收益。造成信用风险的两个因素，如图5-1所示。

经济运行的周期性	特殊事件的发生
经济处于发展期时，风险就会降低，因为有比较强的盈利能力，所以违约率会降低。经济处于低谷时，风险就会加大，由于盈利能力变弱，负债者不能及时偿还债务	发生特殊事件与经济运行周期没有关系，但是会对公司的经营有一定的影响

图5-1　造成信用风险的两个因素

三、筹资风险

（一）何谓筹资风险

企业筹资风险又称为财务风险，是指企业因借入大量的资金而使偿还能力丧失，从而导致股东收益发生变化。企业在各种活动中都要承担不同等级的风险。

（二）筹资风险的成因

筹资风险的成因，如表5-1所示。

表5-1　筹资风险的成因

原因		说明
内因	负债规模	企业的业务或者项目，大部分都是在有负债的前提下完成的，所以企业会形成一定规模的负债，这种规模应在企业可以负担的范围之内。企业的负债越大，那么需要偿还的利息也会越多，企业的盈利就会变少，偿债能力就会变弱，同时也会增加企业的财务杠杆系数，使股东收益受到影响。因此，企业的负债需要保持恰当的规模，才会使企业的风险减少
	负债利息率	在企业取得负债时，债权人会给企业一个合适的利率。利率越高，企业的偿债压力就会越大，偿债能力也会越低。在息税前利润的影响下，负债的利率越高，财务杠杆系数也会越大，从而就会影响股东权益
	负债的期限结构	企业的负债中存在长期借款与短期借款，二者需要保持恰当的比例关系，如果企业对负债的期限结构安排不合理，就会增加企业的筹资风险

续表

	原因	说明
外因	经营风险	企业在经营的过程中存在风险，企业的经营风险与筹资风险不同，后者会受前者的影响。当企业只存在经营风险时，企业会用股本来融资，此时风险就会由股东来承担；当企业的筹资风险与经营风险并存时，企业就会采用股本和负债两种方式同时进行融资，这样股东的风险相对而言就会减小。如果企业的生存现状堪忧，利息不能用营业利润支付，股东就不会有收益，而且利息还需要用股本来支付。如果存在特别严重的风险时，企业就会丧失偿债能力
	预期资金的流入量与资产的流动性	企业的负债本息一般以现金的方式偿还，所以企业需要对资金的预期流入量有一个全面的判断。如果预期的资金流入量充足，那么企业的偿债能力就会较高，企业所要承担的风险就会较小。如果企业预期的资金流入量短缺，那么企业的偿债能力就会变弱，就没有足够的资金来承担企业的债务，此时就需要依靠资产变现来偿还债务。但企业的资产不是随时可以变现的，需要根据流动性来判断其变现能力，这时，企业就会面临一个比较大的风险
	金融市场	企业通过金融市场的活动来体现企业的价值，金融市场的资金流动会使企业降低或增大风险。当金融环境景气时，企业就会有较强的偿债能力；当金融市场不景气时，随着利率的增高，企业的偿债能力就会下降，那么企业所面临的财务风险就会增大。如果企业无法支付庞大的费用，可能就会进入破产清算程序

四、投资风险

（一）何谓投资风险

投资风险，主要是指企业为实现其投资目的而对未来经营、财务活动可能造成的亏损或破产所承担的风险。按可控制程度，投资风险分为可控制风险和不可控制风险。

（二）投资风险的成因

企业投资错误的项目主要源于各种错误的决策，如图5-2所示。

1. 没有健全的投资决策机制，企业负责人的盲目决策，就会造成投资错误
2. 为了有项目可做，故意把不可行的报告改成可行的报告；为了利益，审批不严格，使项目刚一落地就没了市场
3. 缺乏风险意识，对一时火爆的项目执着追求。没有认真评估项目的可行性，进行投资后便进入低迷期，最终使企业进退两难
4. 重视项目的技术性，忽视经济的可行性，不清楚成本和收益。评估时过于乐观，从而做出错误的决定

图5-2　投资风险的成因

第二节　财务风险管理的基本原则

财务风险管理的基本原则是企业在实践过程中的经验总结，它对企业的财务风险管理具有普遍性的指导意义，可以使企业在财务风险管理上少走弯路。一般情况下，企业根据财务风险管理的目标和自身的实际情况确定企业的财务风险管理原则。常见的财务风险管理原则有：

一、整体性原则

对企业的经营管理来说，任何一个小的失误都有可能导致全局的失败。因此，管理者应当系统全面地看待企业面临的财务风险，要根据企业的风险承受能力、预期的回报水平、外界环境的变化等因素，综合判断企业目前及未来一定时期内的风险状况，从而制定纵观全局的财务风险管理策略。

二、全员参与原则

财务风险带来的损失会影响企业的整体经营战略，进而影响企业所有成员

的利益，另外，由于每个环节的疏忽都有可能演化成事关全局的大问题，所以，应在全体成员中树立风险意识，要及时发现风险隐患，及时处理风险，防止产生不良的连锁反应。因此，财务风险管理不仅是财务风险管理人员的职责，更需要全体成员的共同参与。

三、前瞻性原则

对财务风险的存在和发生要有一定的预测能力，对生产经营中可能存在的不确定性环节要预设财务风险控制机制，预测可能出现的各种情况，从风险的苗头进行控制，及时有效地采取风险管理措施，使财务风险得以避免或降到最低程度。

四、成本效益原则

成本效益原则是一切经济活动都应遵循的基本原则，企业是以盈利为目的的组织，企业内部各种制度的制定都是以节约经营成本为原则，因此，企业财务风险防范与控制制度同样也应考虑成本和效益的问题，具体地讲，企业财务风险防范与控制制度的成本包括制度设计成本、制度执行成本以及企业机会成本，而效益主要是因风险水平降低而减少的损失。

第三节 全面财务风险管理

企业要进行全面的财务风险管理，就必须在"全面"上下功夫，要从不同的角度去把握。

一、全过程的财务风险管理

根据企业的资金运动过程，财务活动可以分为筹资、投资、资金营运和收益分配等过程。资金在财务活动的每一个过程都可能产生财务风险，因此，在构建财务风险防范与控制体系时，企业应该对每一个过程予以足够的重视，要分析财务风险发生的概率，以及对企业造成的危害程度，同时制定相关的策略来防范风险给企业财务成果带来的不利影响。

二、全程序的财务风险管理

我们通常把对财务风险的防范与控制分为财务风险的全面识别、财务风险的全面估计、财务风险的综合评价、财务风险的综合决策和财务风险的综合处理五个程序，通过对每一个具体程序加以控制来完善全面财务风险管理系统。

（一）财务风险的全面识别

财务风险的全面识别是指对尚未发生的、潜在的以及客观存在的各种财务风险进行系统的、连续的预测、识别、推断和归纳，并分析产生风险事故原因的过程。财务风险识别是财务风险管理的第一步，也是最重要的一步，没有识别出风险因素根本谈不上有效的管理。财务风险的全面识别包括内部财务风险的识别和外部财务风险的识别。

1.内部财务风险识别

内部财务风险识别是指系统使用各种分析方法，对企业各种财务指标的异动进行分析，找出对企业财务活动产生不利影响的因素。财务风险识别的方法很多，例如，从宏观角度分析，有结构分析法、预测分析法、动态分析法等；从微观层面分析，有财务状况分析法、因素分析法、平衡分析法、专家意见法、保险调查法等，每种方法都有其优、缺点和适用范围。在财务风险管理的实际工作中，管理者应根据企业所处的经营环境、企业自身经营管理的基础工作、管理人员的经验、风格及能力水平等具体情况来决定采用何种方法。

2.外部财务风险识别

外部财务风险识别主要是指企业识别出外部环境中可能对企业的财务活动造成影响的各种因素及变化。

外部财务风险主要有：国家宏观经济政策和法律法规的变动风险、违约风险、通货膨胀风险、汇率变动风险、原材料来源和价格变动风险、竞争风险等。

（二）财务风险的全面估计

财务风险的全面估计是在全面识别财务风险的基础上，通过分析对财务风险发生的可能性及造成损失的程度进行估计和计算，对财务风险的后果及对企业财务活动的影响进行预计。一般来说，进行全面财务风险估计主要是回答以下问题：

（1）财务风险的发生需要具备什么条件？

（2）财务风险发生的概率是多少？

（3）会造成多大的损失？

（4）实际损失的区间范围是多少？

通过风险估计，我们可以较为准确地预测损失概率和损失幅度，通过采取适当的措施，我们可以减少损失发生的不确定性，从而降低风险。另外，通过建立损失概率分布，还可以为风险管理者的决策提供依据。

财务风险估计的方法有很多，如故障树分析法、蒙特卡洛法、外推法、马尔可夫过程分析法、动态层次分析法、模糊分析法等。

（三）财务风险的综合评价

财务风险的综合评价，是指在全面财务风险识别和估计的基础上，综合考虑财务风险发生的概率、损失幅度以及其他因素，明确系统发生财务风险的可能性及其程度，并与公认的安全标准进行比较，确定企业的财务风险等级，由此来决定是否需要采取控制措施，以及实施控制措施的程度。

财务风险的评价方法很多，主要分定性分析和定量分析两大类。常用的财务风险定性评价法包括财务风险调查表法、故障树分析法、财务风险等级评价法等。定性评价不需要统计资料和复杂计算，操作简单，成本较低。定量评价法是以过去的损失资料为依据，通过建立数学模型来对风险进行评价。

（四）财务风险的综合决策

财务风险的综合决策是根据全面财务风险评价的结果，通过风险管理技术的优化组合，选择投资少、安全保障大的方案，来实现企业的财务风险管理目标。财务风险综合决策的风险管理技术主要有控制型风险管理技术和财务型风险管理技术，如图5-3所示。

控制型风险管理技术	财务型风险管理技术
其实质是在风险分析的基础上，针对企业所存在的风险因素，积极采取控制技术将风险因素消除，或降低风险因素的危险性。在事故发生前，可降低事故的发生频率；在事故发生时，可阻止损失继续扩大，将事故损失减少到最低限度，从而达到降低企业风险损失的目的	财务型风险管理技术是通过在事故发生前进行财务安排，来消除事故发生后给企业造成的经济困难和精神忧虑，为生产自救、恢复企业经济提供了财务基础。财务型风险管理技术主要包括风险自留、非保险转移和保险转移等

图5-3　财务风险综合决策的风险管理技术

（五）财务风险的综合处理

财务风险的综合处理是指财务风险管理计划的实施和财务风险管理效果的评价。财务风险管理计划的实施，要求企业在实施计划的过程中，一方面应该严格按照计划执行，另一方面应该根据实际情况不断修订和完善计划。财务风险管理效果的评价，是指对风险管理的技术性及经济性进行分析、检查、修正与评估。由于风险的可变性、风险分析水平的阶段性，风险管理技术始终处于不断提高和完善的过程中。因而，在一定时期内，需要对风险管理的效果进行科学评估。

三、全企业的财务风险管理

企业任何一个部门运作的失误最终都会反映在企业的财务成果中，同时，财务风险带来的损失往往也会影响企业所有部门的利益，因此，对财务风险的全面管理不仅仅是财务风险部门的责任，它也需要领导层的高度重视、风险管理人员的尽职尽责和其他部门的积极配合。

（一）领导层的意识与责任

管理层有责任把风险意识深化到企业的每一个环节、每一个角落，甚至将其列为企业文化的一部分。只有这样，才能在企业中真正做好财务风险管理工作。

（二）财务风险管理部门的职责

财务风险管理部门是财务风险管理的职能机构，负责对企业的财务风险进行制度化、规范化、程序化管理，具体职责如图5-4所示。

职责一　财务风险组织机构的建立与完善。财务风险管理的组织机构主要包括领导机构、管理机构和监督机构，其成员主要由企业领导、风险管理专家和风险管理人员组成

职责二　建立健全企业的财务风险管理体系。企业财务风险管理体系的核心框架由财务风险预警系统、财务风险防范与控制系统、财务风险反馈系统三个部分构成。预警系统对企业即将面临的财务风险发出警告，提示财务风险管理人员提前做好防范措施；防范与控制系统对企业即将面临和正在面临的财务风险做出及时妥善的处理，使风险损失降到最低；反馈系统对财务风险的防范与控制措施进行总结，提炼出有效的方法与措施，不断改进预警系统和控制系统

职责三　建立健全财务信息系统。企业应建立财务信息系统，及时获得数量多、质量高的财务信息，为正确进行各项决策和风险预测创造条件

职责四　提高财务风险决策的科学化水平。为防范财务风险，企业必须采用科学的决策方法。在决策过程中，应充分考虑影响决策的各种因素，尽量采用定量计算及分析方法，并运用科学的决策模型进行决策；对各种可行方案要认真进行分析与评价，从中选择最优的决策方案，切忌主观臆断

图5-4　财务风险管理部门的职责

（三）其他部门的参与

企业的财务风险不仅存在于理财的环节，其他部门的各种决策也会对企业的财务风险造成影响，那种"财务风险的问题完全是风险管理部门的事情"的观点无疑是片面的，只有全员参与，才能更好地防范财务风险。因此，良好的财务管理机制离不开其他职能部门和全体员工的参与、配合和支持。

第四节　财务风险管理方法

目前，我国进行财务风险管理的方法主要分为两类——技术性方法和制度性方法。技术性方法主要是通过使用一些财务性的技术来防范与控制企业的财务风险；制度性方法主要是通过完善企业内部财务机制来防范与控制财务风险。

一、财务风险防范与控制的技术性方法

财务风险防范与控制的技术性方法主要包括降低风险法、分散风险法、转嫁风险法、转包法、缓冲风险法、回避风险法、风险的分割管理和金融衍生工具的利用等，如图5-5所示。

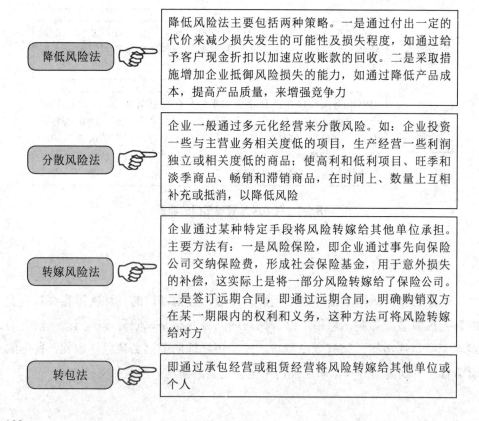

降低风险法
降低风险法主要包括两种策略。一是通过付出一定的代价来减少损失发生的可能性及损失程度，如通过给予客户现金折扣以加速应收账款的回收。二是采取措施增加企业抵御风险损失的能力，如通过降低产品成本，提高产品质量，来增强竞争力

分散风险法
企业一般通过多元化经营来分散风险。如：企业投资一些与主营业务相关度低的项目，生产经营一些利润独立或相关度低的商品；使高利和低利项目、旺季和淡季商品、畅销和滞销商品，在时间上、数量上互相补充或抵消，以降低风险

转嫁风险法
企业通过某种特定手段将风险转嫁给其他单位承担。主要方法有：一是风险保险，即企业通过事先向保险公司交纳保险费，形成社会保险基金，用于意外损失的补偿，这实际上是将一部分风险转嫁给了保险公司。二是签订远期合同，即通过远期合同，明确购销双方在某一期限内的权利和义务，这种方法可将风险转嫁给对方

转包法
即通过承包经营或租赁经营将风险转嫁给其他单位或个人

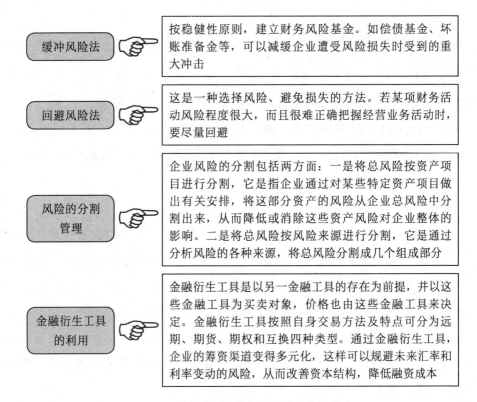

图5-5　财务风险防范与控制的技术性方法

二、财务风险防范与控制的制度性方法

财务风险防范与控制的制度性方法主要是从公司治理的角度出发来防范与控制财务风险，包括完善企业法人治理结构、健全企业内部财务制度、财务风险防范的约束机制、健全风险预警机制、风险分散机制和风险转嫁机制等。

（一）完善企业法人治理结构

企业法人治理结构是企业的基础性组织结构，它的完善与否决定了一个企业的组织效率和经营风险，从而决定了企业财务风险的总体水平。因此，在良好的企业法人治理机制下，按照现代企业管理的要求，进行有效的制度建设，是防范企业财务风险的基础。也只有做好了这些制度建设，才能防患于未然，从事前控制财务风险。

（二）健全企业内部财务制度

内部财务制度是企业管理层制定的，用来规范企业内部财务行为、处理企业内部财务关系、协调企业与相关利益主体财务关系的具体规则。

企业要根据自身的财务关系，做到权责利相互统一，不相容职务相互分离，明确企业各部门的地位，赋予各部门相应的责任和权力，并使责和权相分离。

（三）财务风险防范的约束机制

企业财务风险约束机制是由约束企业内部各财务主体按既定目标和具体标准从事财务活动的若干要素组合而成的一种机制。企业财务风险约束机制包括企业外部约束和内部约束两部分，外部约束主要是政策法规约束、市场约束等，内部约束主要是财务预算约束和财务监督约束。企业应在内部建立一套严密而科学的内部决策机制，对于财务风险较大的经营决策和财务活动，企业应在内部各职能部门中进行严格的审查、评估、论证，要充分发挥企业内部各个层面的作用，尽量避免决策失误而造成的风险。

（四）健全财务风险预警机制

财务预警机制会对企业存在的风险进行预警，提醒有关人员及时采取相应的措施。企业财务风险预警是指公司及所属企业风险管理部门通过专门的方法监测、分析经济活动和理财环境，预测企业经营与财务状况的变化，对企业各环节可能发生的风险提早发出信号，并为管理决策提供依据，具体的组成如图5-6所示。

构成一 ▶ **建立财务风险预警系统**

通过编制现金流量预算和完善财务指标分析体系等多种措施，建立长短期结合的财务风险预警系统；通过动态跟踪监测和定时定点监控，对公司及所属企业经营管理活动中各项潜在风险进行实时监控，及时发现财务或经营指标中存在的异常情况，并采取相应的措施，避免或减少风险损失的发生

构成二 建立与完善财务风险评估制度

通过建立与完善财务风险评估制度，来突出现金、往来、担保等关键控制点，加强财务管理各环节和资金运动全过程的风险评估；通过建立财务风险评估模型等技术方法，对公司及所属企业的财务风险进行定性和定量测评，并分析和判断公司及所属企业面临的风险及程度，及时研究和制定最佳风险管理方案，将风险控制在可控范围内

构成三 建立财务风险监测体系

通过月度流动性分析、季度资产质量和负债率分析以及年度决算、审计报告等方法，来完善公司及所属企业的财务风险分析制度；定期开展公司及所属企业财务风险测评和咨询活动，充分发挥社会中介机构在财务风险监督防控中的积极作用

构成四 建立财务风险报告制度

公司及所属企业在定期组织的财务风险测评中形成的风险评估报告要及时上报董事会或决策层

图5-6 财务风险预警机制的构成

第六章

读懂资产负债表

引言：

资产负债表反映了企业在某一特定日期（月末、季末、年末）的财务状况，属于静态会计报表。作为管理者，如果能读懂资产负债表，就会知晓企业拥有或控制的经济资源及其分布，企业的财务实力、短期偿债能力和支付能力，企业融通资金和使用资金的能力，企业的经营绩效及未来的财务趋势等情况。

第一节　资产负债表概述

一、什么是资产负债表

资产负债表是反映企业某一特定日期财务状况的会计报表。编制资产负债表的目的是反映企业资产、负债、所有者权益金额及其构成情况，从而帮助使用者评价企业资产的质量以及长、短期偿债能力、利润分配能力等。

企业有多少资产？有什么资产？有多少负债？有哪些负债？净资产有多少？其构成情况如何？都在资产负债表中反映得清清楚楚。因此，在对财务报表的学习中，资产负债表是一个很好的开端。

二、资产负债表的作用

从功能上说，资产负债表主要有四个方面的作用。

（一）反映资产及其分布状况

资产负债表能够反映企业在特定时点拥有的资产及其分布情况。它表明企业在特定时点所拥有的资产总量有多少，资产有哪些。例如，流动资产有多少，固定资产有多少，长期投资有多少，无形资产有多少等。

（二）反映企业所承担的债务及其偿还时间

资产负债表能够反映企业在特定时点所承担的债务、偿还时间及偿还对象。如果是流动负债，就必须在1年内偿还；如果是非流动负债，偿还期限就会超过1年。因此，从负债表可以清楚地知道，在特定时点企业欠了多少钱，应该什么时候偿还。

（三）反映净资产及其形成原因

资产负债表能够反映投资人在特定时点所拥有的净资产及其形成原因。净资产也是股东权益，在某一个特定时点，资产应该等于负债加上股东权益，因此，净资产就等于资产减去负债。应该注意的是，可以说资产等于负债加股东权益，但绝不能说资产等于股东权益加负债，它们有着根本性的区别，因为企业的资产首先要用来偿还债务，剩余的才归投资人所有。

（四）反映企业财务发展状况的趋势

资产负债表能够反映企业财务发展状况的趋势。当然，孤立地看一个时点的数据，也许反映不出问题，但是，如果把几个时点的数据排列在一起，企业财务发展状况的趋势就很明显了。例如，企业的应收账款，第1年是10万元，第2年是20万元，第3年是30万元，第4年是40万元，把这4年的时点数据排在一起，就很容易发现，这个企业的应收账款呈逐年上升的趋势。这可能表明，企业在销售环节没有管理好应收账款；也可能说明企业发展良好，市场扩大了，应收账款增加了。由此可知，一个企业的管理者，如果能够关注每一个时点的数据，就会对企业的财务状况有一个比较全面的了解；如果不注重捕捉时点数据，将会给企业的管理造成比较大的危害。

三、资产负债表的结构

资产负债表是一张静态的会计报表，是根据各要素在数量上的依存关系，即"资产=负债+所有者权益"这一基本会计方程式，依照一定的分类标准和次序，把企业一定日期的资产、负债和所有者权益各项目进行适当排列编制而成。其中资产和负债项目是按照资产和负债的流动性从大到小、从上到下依次排列。

资产负债表由表头、表身和表尾组成，其基本结构见表6-1。

表6-1 资产负债表（示例）

编制企业：　　　　　　　×××× 年 × 月 × 日　　　　　　　单位：元

资产	期初余额	期末余额	负债和所有者权益	期初余额	期末余额
流动资产：			流动负债：		
货币资金			短期借款		

资产	期初余额	期末余额	负债和所有者权益	期初余额	期末余额
交易性金融资产			应付票据		
应收票据			应付账款		
应收账款			预收账款		
预付账款			应付职工薪酬		
应收股利			应交税费		
应收利息			应付利息		
其他应收款			应付股利		
存货			其他应付款		
1年内到期的非流动资产			1年内到期的非流动负债		
流动资产合计			其他流动负债		
非流动资产：			流动负债合计		
持有至到期投资			非流动负债：		
长期股权投资			长期借款		
长期应收款			应付债券		
固定资产：			长期应付款		
在建工程			递延所得税负债		
工程物资			其他非流动负债		
固定资产清理			非流动负债合计		
无形资产			负债合计		
开发支出			所有者权益：		

资产	期初余额	期末余额	负债和所有者权益	期初余额	期末余额
商誉			实收资本（股本）		
长期待摊费用			资本公积		
递延所得税资产			盈余公积		
其他非流动资产			未分配利润		
非流动资产合计			所有者权益合计		
资产总计			负债和所有者权益合计		

第二节　阅读资产负债表

一、总额观察

面对资产负债表，首先要观察总额的变化。

不管资产负债表中的小项目有多少，其大项目只有三个，即资产、负债、所有者权益，且这三个项目之间内在的数量关系是资产＝负债＋所有者权益。资产是企业资源变化的结果，引起这种结果变化的根本原因主要有两个。

（1）负债的变化。

（2）所有者权益的变化。

既然资产等于负债加所有者权益，那么资产的增减变化量应该等于负债的增减变化量加所有者权益的增减变化量，即：

资产的增减变化量＝负债的增减变化量＋所有者权益的增减变化量

（一）资产增加

在具体考察资产、负债、所有者权益之间的依存关系时，如果一个企业在某一特定时点的资产总额增加了，那么其原因可能是负债在增加，或者是所有者权益在增加，如从银行借款或增加注资。

（二）资产减少

当一个企业的资产发生减少时，其原因可能是负债在减少，也可能是所有者权益在减少，如偿还银行贷款或减少注资。

其实，现实中真实的情况要复杂得多。当资产增加时，也可能是负债在增加，而所有者权益在减少。研究明白这三个数字的关系，就可以基本把握企业在某个经营时段中发生的重大变化，也可以摸清企业财务发展变化的基本方向。

根据报表中资产的增减变化，可以进一步探究产生这种变化的原因。资产总量变化只是一个结果，而引起这种结果的原因即负债的变化和所有者权益的变化，才是管理者关注的重点。

二、具体项目浏览

具体项目浏览，就是拿着报表从上往下，从左到右一个项目一个项目地观察。哪个项目的数字变化幅度最大，哪个项目就可能是主要原因。具体项目浏览的特点是有的放矢。

具体浏览时，对资产负债表的一些重要项目，尤其是期初与期末数据变化很大，或出现大额红字的项目进行进一步分析，如流动资产、流动负债、固定资产、有代价或有息的负债（如短期银行借款、长期银行借款、应付票据等）、应收账款、货币资金以及股东权益中的具体项目等。

例如，企业应收账款过多占总资产的比重过高，说明该企业资金被占用的情况较为严重，而其增长速度过快，说明该企业可能因产品的市场竞争能力较弱或受经济环境的影响，企业结算工作的质量有所降低。此外，还应对报表附注说明中的应收账款账龄进行分析，应收账款的账龄越长，其收回的可能性就越小。

又如，企业年初及年末的负债较多，说明企业每股的利息负担较重，但如果企业在这种情况下仍然有较好的盈利水平，说明企业产品的获利能力较佳、经营能力较强，管理者经营的风险意识较强，魄力较大。

再如，在企业股东权益中，如法定的资本公积金大大超过企业的股本总额，这预示着企业将有良好的股利分配政策。但在此同时，如果企业没有充足的货币资金作保证，预计该企业将会选择送配股增资的分配方案而非采用发放现金股利的分配方案。

另外，在对一些项目进行分析评价时，还要结合行业的特点进行。就房地产企业来说，如该企业拥有较多的存货，意味着企业有可能存在着较多的、正在开发的商品房基地和项目，一旦这些项目完工，将会给企业带来很高的经济效益。

三、分析基本财务指标

接下来，要对一些基本财务指标进行计算，计算财务指标的数据来源主要有以下几个方面：

（1）直接从资产负债表中取得，如净资产比率；

（2）直接从利润及利润分配表中取得，如销售利润率；

（3）同时来源于资产负债表利润及利润分配表，如应收账款周转率；

（4）部分来源于企业的账簿记录，如利息支付能力。

第三节　资产负债表的分析

一、从报表数据看资产质量

要想从报表数据中看出企业资产的真实情况，就必须要进一步关注资产的质量，并对资产质量进行分析。

资产质量指资产的变现能力、能被企业进一步利用或与其他资产组合利用给企业带来利益的能力。

资产质量的特征有：盈利性、变现性、周转性。

资产质量分析是通过对资产负债表的资产进行分析，来了解企业资产的质量状况，分析企业资产是否存在变现能力受限（如呆滞资产、坏账、抵押、担保等）的情况，从而确定企业各项资产的实际获利能力和变现能力。可以以资产的账面价值与变现价值或被进一步利用的潜在价值（可以用资产的可变现净值或公允价值来计量）之间的差异来对资产进行较为准确的衡量。

一些主要资产项目的质量关注内容见表6-2。

表 6-2   资产质量的关注内容

序号	主要项目	关注内容
1	货币资金	是否会出现通货膨胀
2	交易性金融资产	市值是多少
3	应收账款、其他应收款	收回的比率有多大
4	存货	市价是多少，存货状况如何，数字是否可靠
5	长期投资	可收回金额是多少
6	固定资产	闲置、待报废固定资产，固定资产可否收回
7	在建工程	是否发生减值
8	无形资产	是否已经过时
9	其他资产	有哪些

（一）货币资金

要关注大量持有及长期闲置的货币资金。虽然货币资金是按账面价值等额变现的、流动性最强的资产，但大量持有而不用于周转或保值增值，若出现通货膨胀，其购买力就会下降而贬值，并且会降低资产的收益率。

（二）交易性金融资产

交易性金融资产的成本和市价会有差距，而且这种差距有时会比较大。

（三）应收账款和其他应收款

资产负债表中的应收账款和其他应收款虽然在报表上真实地存在，但现实生活中常常会发生公司应收款项长期无法收回的情况。这不但增加了资金的占用成本和管理成本（对账、分析、清理等），可能还会造成坏账损失。

（四）存货

存货的市价是多少？存货的状况如何？数字是否可靠？这些问题也是值得关注的。存货所反映的价值是历史成本，而存货的市价是不断变动的。有些企业资产负债表中的存货含有大量水分，如存货贬值或存货账实不符等。部分长期积压的存货，以及价格大幅度下降的产品所耗用的材料等，需要根据其未来变现能力提取存货跌价准备，形成预计损失。

为了保证报表数字的真实性，财务人员应按照要求每年定期对存货进行全面盘点，如果实际数字和账面数字不一致，就要调账调表，直到表上数字和实际数字达到一致。现实生活中由于种种原因，企业可能会忽视对存货的盘点，此时资产负债表中存货的数字就缺乏真实性。

（五）长期投资

企业长期投资中可能会有相当一部分无法收回，如果企业账上不转销，表上不反映，那么这些无法收回的部分就会成为资产负债表中不真实的存在。

（六）固定资产

固定资产反映的是企业的设备和技术水平。一个企业固定资产的质量主要体现在其被进一步利用的程度。如：闲置、待报废固定资产，固定资产可否收回？企业的大部分固定资产都应该在生产经营中通过使用来实现增值。

（七）在建工程

要关注在建工程是否发生减值。

（八）无形资产

无形资产如土地、专利技术，要分析其是否已经过时。

（九）其他资产

此外，那些因会计处理办法或计量手段的限制而未能在资产负债表中体现净值，但未来可以为企业做出贡献的资产项目也应予以关注，主要包括：

（1）已经提足折旧，但是企业仍然继续使用的固定资产。

（2）企业正在使用，但是已经作为低值易耗品一次性摊销到费用中去，在资产负债表中没有体现价值的资产，如工具、用具。

（3）已经研究成功但部分被列入费用的开发项目成果。

由于企业资产负债表中有些资产是含有水分的，因此新的会计制度规定，应该对八项资产计提减值准备。比如，可供出售金融资产要计提减值准备，应收账款和其他应收款要计提坏账准备，存货、固定资产、长期股权投资、在建工程、无形资产、委托贷款要计提减值准备。如何计提减值准备，会计人员需要认真学习，而作为公司的管理者，也应该弄清这些常识。

二、负债构成与质量分析

（一）流动负债的构成与质量

1.流动负债的构成

企业的流动负债，包括短期借款、交易性金融负债、应付票据、应付账款、预收款项、其他应付款、应付职工薪酬、应交税费、应付利息、应付股利、1年内到期的非流动负债和其他流动负债等项目，具体见表6-3。

表 6-3 流动负债的构成

序号	项目	具体说明
1	短期借款	短期借款是企业从银行或其他金融机构借入的、期限在1年以内的各种借款，企业借入的短期借款无论用于哪方面，都构成一项负债
2	交易性金融负债	交易性金融负债指的是企业采用短期获利模式进行融资所形成的负债，如企业为短期融资发行的、计划短期内赎回的证券等。在期末，交易性金融负债应按公允价值计量，报告期间公允价值的变动计入当期损益
3	应付票据	应付票据是由出票人出票、委托付款人在指定日期无条件支付特定的金额给收款人或者持票人的票据。应付票据按是否带息分为带息应付票据和不带息应付票据两种
4	应付账款	（1）应付账款是指企业因赊购原材料等物资或接受劳务供应而应付给供应单位的款项。它是由于购进商品或接受劳务等业务的发生时间与付款时间不一致造成的。 （2）一般而言，凡是购进商品的所有权转移到企业（买方企业）时，或企业实际使用外界提供的劳务时，就需要确认应付账款并予以入账
5	预收款项	预收款项是指企业商品销售尚未发生或劳务尚未提供，而向购货方收取的货款或定金。例如，收到销货订单时同时收取的保证金、预收商品包装物上的押金等。它需在收款后1年或长于1年的营业周期内用约定的商品、劳务或出租资产来抵偿。如果企业收取款项后，没有按照约定的条件提供商品或劳务，就必须退还预收款项并赔偿由此给客户造成的损失。预收收入一般被列为流动负债，如果有特别合约规定，企业预收款项可在1年或长于1年的营业周期以上用提供商品、劳务清偿，则应列为递延贷款

序号	项目	具体说明
6	其他应付款	其他应付款，是指企业除应付票据、应付账款、预收账款、应付职工薪酬、应付利息、应付股利、应交税费、长期应付款等以外的其他各项应付、暂收的款项
7	应付职工薪酬	应付职工薪酬是指企业为获得职工提供的服务而支付给职工的各种形式的报酬以及其他相关支出。"职工"，包括与企业订立劳动合同的所有人员，含全职、兼职和临时职工；未与企业订立劳动合同，但由企业正式任命的企业治理层和管理层人员，如董事会成员等；在企业的计划和控制下，虽未与企业订立劳动合同或未由其正式任命但为其提供与职工类似服务的人员。其薪酬包括以下内容： （1）职工工资、奖金、津贴和补贴。 （2）职工福利费。 （3）医疗保险费、养老保险费、失业保险费、工伤保险费和生育保险费等社会保险费
8	应交税费	企业在一定时期内取得的营业收入和实现的利润，要按照规定向国家缴纳各种税金，应按照权责发生制的原则预提并计入有关科目。这些应交的税金在尚未交纳之前暂时停留在企业，形成一项负债
9	应付利息	应付利息是指企业按照合同约定应支付的利息，包括吸收存款、分期付息到期还本的长期借款、企业债券等应支付的利息
10	应付股利	应付股利是指企业经股东大会或类似机构审议批准分配的现金股利或利润，在实际支付前，形成企业的负债。企业董事会或类似机构通过的利润分配方案中拟分配的现金股利或利润，不应确认负债，但应在附注中披露
11	1年内到期的非流动负债	一般来说，企业的长期负债最终到期时是以流动资产（通常是以货币资金）来偿付的，为了准确反映企业短期内需偿付的债务金额，正确评价企业的短期偿债能力，应将1年内到期的、已转化为流动负债的长期负债在资产负债表中按流动负债予以反映，即企业"长期借款""长期应付款"等项目1年内到期的那部分金额

2.流动负债的质量分析

流动资产是1年内可变现为货币的资产项目，流动负债为1年内应清偿的债务责任。因此，在任一时点上，两者的数量对比关系都会对企业的短期经营活动产生重要的影响。

（1）流动负债周转分析

流动负债各个项目的周转周期并不一致，有的项目流动性较高，在1年之内甚至更短的时间内就要偿付（如短期借款）；有的项目流动性较低，需在很长的时间甚至超过1年或超过1年的一个营业周期以上的时间进行清偿，如一些与关联企业往来结算而形成的其他应付款。在判断一个企业的流动性风险时，应该把这些因素考虑在内，流动性较差的短期负债会在无形中降低企业的流动性风险。

在对流动性负债周转进行分析的过程中，应该特别注意应付票据和应付账款的规模变化与企业存货规模变化之间的关系。在企业存货规模增加较大，同时企业应付票据与应付账款的规模也随之增长的情况下，这种应付票据与应付账款的规模增加可能在很大程度上反映了企业供应商的债权风险。

（2）非强制性流动负债分析

能够真正影响企业偿债能力的是那些强制性债务，如当前必须支付的应付票据、应付账款、银行借款、应付股利以及契约性负债。对于预收账款、部分应付账款、其他应付款等，由于某些因素的影响，不必当期偿付，实际上并不构成企业短期付款的压力，属于非强制性债务。

（3）企业短期贷款规模可能包含的融资质量信息

一般而言，企业的短期贷款主要与企业的经营活动相关，通常用来补充企业的流动资金。但是，在实际中，企业资产负债表期末短期贷款的规模很可能会超过实际需求数量，这可通过比较短期贷款与货币资金的数量关系来观察。出现上述现象的原因，如图6-1所示。

 企业的货币资金中，包含了一部分由银行汇票引起的保证金（通常按应付票据的一定百分比确定）

 企业存在众多异地分公司，分公司的货币资金由各个分公司支配，汇集到一起在报表上表现出的规模并不能代表企业可支配的货币规模

③ 融资环境和融资行为，会导致企业融入过多的货币资金，而过高的短期贷款规模将引起企业不必要的财务费用

图6-1　期末短期贷款的规模超过实际需求数量的原因

（4）企业应付票据与应付账款的数量变化所包含的经营质量信息

① 随着企业存货或营业成本的增长，应付账款相应增长。

从债务企业的角度分析，这种增长在很大程度上表明了债务企业具有较强的谈判优势，成功地利用了商业信用来支持自己的营业活动，同时又避免了商业汇票结算方式所引起的财务费用。从供应企业的角度分析，之所以接受这种方式而不采用商业汇票结算，是因为供应企业对债务企业的偿债能力有信心，

对到期收回商业债权有信心。

② 随着企业存货或营业成本的增长，应付票据相应增长。

从债务企业的角度来说，这种增长在很大程度上表明了债务企业支付能力下降，且失去了与供应企业谈判的优势，而不得不采用商业汇票方式结算。同时，采用商业汇票结算，会引起财务费用与货币资金周转压力的增加。从供应企业来说，接受商业汇票结算方式，除了商业汇票具有更强的流动性外，还可能是对债务企业的偿债能力缺乏信心。

（5）企业税金缴纳情况与税务环境

资产负债表中各项目之间、资产负债表与其他报表中各项目之间存在重要的对应关系，因此，通过资产负债表中应交所得税与利润表中所得税费用之间的变化关系，就可以在一定程度上判断企业的税务环境，如果企业的应交所得税、递延所得税负债表现为增加的态势，表明可能存在相对有利的税务环境，企业可以推迟缴纳税款。

（二）非流动负债项目分析

1.非流动负债的构成

非流动负债是指偿还期在1年以上或者超过1年的一个营业周期以上的债务，包括长期借款、应付债券、专项应付款、长期应付款、预计负债、递延所得税负债、其他非流动负债等项目，见表6-4。

表6-4　非流动负债的构成

序号	项目	具体说明
1	长期借款	长期借款是指企业向银行或其他金融机构借入的期限在1年以上的款项。长期借款一般用于企业的固定资产购建、固定资产改扩建工程、固定资产大修工程及流动资产的正常需要等。在会计核算上，长期借款的利息也计入长期借款。因此，资产负债表中长期借款项目反映的是企业尚未归还的长期借款本金和利息
2	应付债券	应付债券是指企业为筹集长期资金而发行的偿还期在1年以上的债券。资产负债表中的应付债券反映企业发行的尚未归还的各种长期债券的本金和利息。相对于长期借款而言，长期债券的风险和压力较大。因为债券的发行是面向全社会的，到期不还本息，社会影响较大，企业偿还债券本息的积极性一般高于偿还银行本息的积极性。对银行借款，银行的主体是国有银行，相当一部分企业也有能拖就拖的思想，结果导致银行的借款长期挂账

续表

序号	项目	具体说明
3	长期应付款	长期应付款是企业除长期借款和应付债券以外的其他各种长期应付款项。例如，在补偿贸易方式下引进国外的设备，尚未归还外商的设备价款；在融资租赁方式下，企业应付未付的融资租入固定资产的租金以及住房周转金等。相对而言，这部分长期负债的风险较小
4	递延所得税负债	递延所得税负债的产生原因与递延所得税资产项目相同，都是在采用资产负债表债务法核算所得税时产生的。应纳税暂时性差异在转回期间将增加未来期间的应纳税所得额和应交所得税，从而导致企业经济利益的流出，从其发生当期看，构成企业应支付税金的义务，应作为递延所得税负债确认
5	其他非流动负债	其他非流动负债是指企业除长期借款、长期应付款和应付债券以外的各种长期应付款项

2.非流动负债的质量分析

管理者在分析非流动负债时，应注意以下几点：

（1）由负债比例看企业财务风险

企业营运状况不佳时，短期负债、长期负债及负债比率不宜过高。此外，可以用长期资金（即长期负债与净资产之和）与长期资产（固定资产、无形资产、长期投资）的比率来判断长期资产的取得是否全部来源于长期资金。若该比率小于1，则表示企业部分长期资产是以短期资金支付，财务风险会加大。

（2）长期负债与利息费用分析

如果利息费用相对于长期借款呈现大幅下降趋势，应注意企业是否错误地将利息费用资本化，从而通过降低利息费来增加利润。

（3）企业非流动负债所形成的固定资产、无形资产的利用状况与增量效益

企业非流动负债所形成的固定资产、无形资产必须得到充分利用。得不到充分利用的固定资产和无形资产，即使其物理质量与取得成本很高，但由于利用率不高，也难以产生应有的财务效益。

企业非流动负债所形成的固定资产、无形资产必须产生增量效益。企业的非流动负债是需要支付利息的财务来源，而非流动负债所形成的固定资产、无形资产又为企业的经营活动创造了条件。企业非流动负债所形成的固定资产、无形资产必须得到充分利用，并产生相应的增量效益，才能让企业的非流动负债形成良性的周转。

（4）企业非流动负债所形成的长期股权投资的效益及质量

如果企业的长期股权投资需要依靠非流动负债来支持，那么企业的长期股权投资就必须产生投资收益，并且投资收益应该具有一定的规模，这样才能让流动负债的本金和利息得到按时偿还。

（5）企业非流动负债所对应的流动资产及质量

企业的非流动负债有时被用来补充流动资金，从而形成流动资产。此时，流动资产的质量将直接决定企业非流动负债的偿还情况，这就需要关注企业的流动资产中是否存在不良占用（典型的不良占用包括非正常其他应收款、呆滞债权和积压、周转缓慢的存货等）。

（6）预计负债分析

预计负债是因或有事项而确认的负债。或有事项是指过去的交易或事项形成的，其结果须由某些未来事项的发生或不发生才能决定的不确定事项，如对外提供担保、未决诉讼、产品质量保证等。与或有事项相关的义务满足一些条件时，应当确认为预计负债，并在资产负债表中列示；否则，应属于或有负债，只能在表外披露，不能在表内确认。

三、所有者权益项目的构成分析

所有者权益是指企业资产扣除负债后由所有者享有的剩余权益，又称为股东权益。所有者权益的来源包括所有者投入的资产、直接计入所有者权益的利得和损失、留存收益等。

按照现行企业会计准则，企业的所有者权益主要由下列内容构成：

（一）实收资本

实收资本是企业实际收到的投资者投入的资本，分国家资本、法人资本、个人资本和外商资本。

（二）资本公积

资本公积是企业收到投资者的超出其在企业注册资本（或股本）中所占份额的投资，以及直接计入所有者权益的利得和损失等。

资本公积包括资本溢价（或股本溢价）和直接计入所有者权益的利得和损失等。

1.资本溢价（或股本溢价）

资本溢价（或股本溢价）是企业收到的投资者超出其在企业注册资本（或股本）中所占份额的投资。形成资本溢价（或股本溢价）的原因有溢价发行股票、投资者超额缴入资本等。

2.直接计入所有者权益的利得和损失

直接计入所有者权益的利得和损失是指不应计入当期损益的、会导致所有者权益发生增减变动的、与所有者投入资本或者向所有者分配利润无关的利得或者损失。

利得和损失直接计入所有者权益，主要是由表6-5所示的交易或事项引起的。

表6-5　引起利得和损失直接计入所有者权益的交易或事项

序号	交易或事项	具体说明
1	采用权益法核算的长期股权投资	长期股权投资采用权益法核算的，在持股比例不变的情况下，被投资单位除净损益以外所有者权益的其他变动，企业按持股比例计算应享有的份额，如果是利得，应当增加长期股权投资的账面价值，同时增加资本公积（其他资本公积）；如果是损失，应当减少资本公积
2	以权益结算的股份支付	以权益结算的股份支付换取职工或其他方提供的服务时，应按照确定的金额，记入"管理费用"等科目，同时增加资本公积（其他资本公积）
3	可供出售金融资产公允价值的变动	可供出售金融资产公允价值变动形成的利得，除减值损失和外币货币性金融资产形成的汇兑差额外，应相应的增加其他综合收益
4	金融资产的重分类	将可供出售金融资产重分类为采用成本或摊余成本计量的金融资产，重分类日该金融资产的公允价值或账面价值作为成本或摊余成本，该金融资产没有固定到期日的，与该金融资产相关、原直接计入所有者权益的利得或损失，应相应的增加或减少其他综合收益

（三）库存股

库存股也称库藏股，是指由公司购回而没有注销并由该公司持有的已发行股份。

（四）盈余公积

盈余公积是从净利润中提取的、具有特定用途的资金，包括法定盈余公积、任意盈余公积。

1.盈余公积的含义及种类

盈余公积是指企业按照规定从税后利润中提取的企业留存利润。盈余公积可分为：

（1）法定盈余公积，按税后利润的10%提取，当此项公积达注册资本的50%时，企业可不再提取。

（2）任意盈余公积，按股东会决议提取。

2.盈余公积金的主要用途

企业的法定盈余公积和任意盈余公积的用途主要有以下几项：

（1）弥补亏损。企业发生的经营性亏损，应由企业的经营积累自行弥补。弥补亏损的渠道，具体如图6-2所示。

渠道一	用以后年度税前利润弥补。按规定，企业发生亏损，可用以后年度实现的会计利润（即利润总额）进行弥补，但弥补期限不得超过5年
渠道二	用以后年度税后利润弥补。超过了税收规定的税前利润弥补期限，未弥补的以前年度亏损可用所得税后利润弥补
渠道三	盈余公积弥补。需股东大会决议批准

图6-2　弥补亏损的渠道

（2）增加资本（或股本）。经股东会决议，企业可以将盈余公积转增为资本。企业在转增资本时应注意三点，如图6-3所示。

事项一	要先办理增资手续
事项二	要按股东原有股份比例结转，股份有限公司可采用发放新股或增加每股面值的方法增加股本
事项三	法定盈余公积转增股本时，转增后留存的此项公积应不少于注册资本的25%

图6-3　转增资本的注意事项

（五）未分配利润

未分配利润是企业净利润分配后的剩余部分，即净利润中尚未指定用途、归所有者所有的部分。

未分配利润是企业实现的净利润在提取盈余公积和分配利润后的余额。未分配利润是所有者权益的重要组成部分，它关联资产负债表与利润表（或利润分配表）。资产负债表中，该项目如果为负数，则表示存在未弥补的亏损。

提醒您

在资产负债表中，一般将实收资本、资本公积、盈余公积和未分配利润分别列示。

四、了解资产负债表外的经济资源

从企业的经济资源来说，并不是百分之百的资产都能够在资产负债表中反映出来。例如，企业的自有商标属于无形资产，但是在资产负债表中，按照会计规则是无法反映的；很多著名企业的企业名称很值钱，可是在资产负债表上却不会存在这样资产；一个企业优秀的管理队伍、管理水平也是重要的资产，而这部分资产却无法在资产负债表找到。

同时也要关注负债，并不是企业所有的负债都能在资产负债表上反映出来。资产负债表上所反映的负债只是现在已经存在的负债，或者叫现实的债务，而潜在的风险和债务，在资产负债表中无法反映。潜在的负债体现在资产负债表的报表附注中，作为管理者，应重点关注这部分内容。

第七章

读懂现金流量表

引言：

现金对一个企业来说，就像血液一样。血液只有流动起来，人体才有生命力，同样，现金要具有良好的流动性，企业才能正常运行。作为管理者，只有读懂现金流量表，才能了解企业的支付能力、偿还能力和周转能力，才能更好地预测企业未来的现金流量。

第一节 现金流量表概述

一、现金流量表及其含义

（一）什么是现金流量表

现金流量表是反映企业在一定会计期间现金和现金等价物流入和流出的报表。

从编制原则上看，现金流量表按照收付实现制原则编制，将权责发生制下的盈利信息调整为收付实现制下的现金流量信息，便于信息使用者了解企业净利润的质量。

从内容上看，现金流量表分为经营活动、投资活动和筹资活动三个部分，每类活动又分为若干具体项目，这些项目从不同角度反映了企业业务活动的现金流入与流出，弥补了资产负债表和利润表中信息的不足。

通过现金流量表，报表使用者能够了解企业现金流量的影响因素，评价企业的支付能力、偿债能力和周转能力，预测企业未来的现金流量，从而为其决策提供有力依据。

（二）什么是现金

现金是指库存现金、可以随时用于支付的存款、其他货币资金和现金等价物。

1.库存现金

库存现金是指企业持有的、可随时用于支付的现金，与会计核算中"现金"账户所包含的内容一致。

2.随时用于支付的存款

（1）随时用于支付的存款是指企业放在银行或其他金融机构，随时可以用于支付的存款。

（2）质押、冻结的活期存款不能随时用于支付，故不能作为现金流量表中的现金。即：随时用于支付的存款≠活期存款。

如果存在银行或其他金融机构的款项不能随时用于支付，如不能随时支取的定期存款，也不应作为现金流量表中的现金。

3.其他货币资金

其他货币资金包括外埠存款、银行汇票存款、银行本票存款、信用证存款、在途货币资金、存出投资款。

4.现金等价物

现金等价物是指企业持有的期限短、流动性强、易于转换为已知金额现金、价值变动风险很小的投资。

现金等价物的期限短，一般是指从购买日起三个月内到期。

现金等价物通常包括三个月内到期的，可上市流通、转让或随时兑现的债券投资。

权益性投资变现的金额通常不确定，因而不属于现金等价物。企业应当根据具体情况，确定现金等价物的范围，一经确定不得随意变更。

现金等价物虽然不是现金，但其支付能力与现金的差别不大，可视为现金。

二、现金流量及其分类

（一）什么是现金流量

现金流量是企业现金流动的金额数量，是对企业现金流入量和流出量的总称，如图7-1所示。

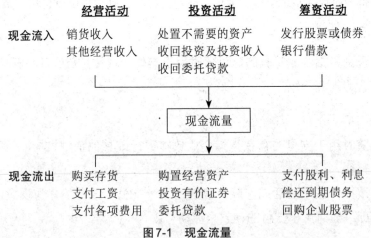

图7-1　现金流量

1.现金流入量

现金流入量是指企业在一定时期内从各种经济业务中收进的现金数量。如销售商品、提供劳务收到的现金，吸收投资收到的现金，借款收到的现金等。

2.现金流出量

现金流出量是指企业在一定时期内为各种经济业务付出的现金数量。如企业接受劳务、购置固定资产、偿还借款、对外投资等，都会使企业现金减少，这些减少的现金数量就是现金流出量。

3.现金流量净额

现金流入量减去现金流出量的差额，叫做现金流量净额，也叫净现金流量或现金净流量。

现金流量净额=现金流入量−现金流出量

其中，

流量：即发生额，是针对存量来说的。

流入量：增加的发生额。

流出量：减少的发生额。

（二）现金流量的构成

现金净流量=经营活动的现金净流量+投资活动的现金净流量+筹资活动的
        现金净流量
    =（经营活动的现金流入量−经营活动的现金流出量）+（投资
      活动的现金流入量−投资活动的现金流出量）+（筹资活动的
      现金流入量−筹资活动的现金流出量）

（三）现金流量的分类

现金流量可以分为三类，即经营活动产生的现金流量、投资活动产生的现金流量和筹资活动产生的现金流量，具体如图7-2所示。

1.经营活动产生的现金流量

经营活动是指企业投资活动和筹资活动以外的所有交易和事项，包括销售商品或提供劳务、购买商品或接受劳务、收到税费返还、支付职工薪酬、支付

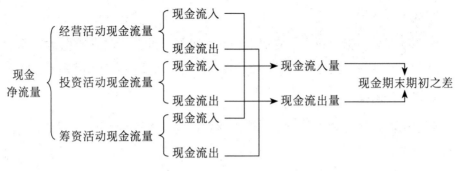

图7-2　现金流量的构成

各项税费、支付广告费用等。

2.投资活动产生的现金流量

投资活动是指企业长期资产的购建和不包括在现金等价物范围内的投资及其处置活动。包括取得和收回投资、购建和处置固定资产、购买和处置无形资产等。

企业固定资产报废或出售所获得的现金收入以及与之相关的现金流出，应列入投资活动产生的现金流量。

3.筹资活动产生的现金流量

筹资活动是指导致企业资本及债务规模和构成发生变化的活动，包括发行股票或接受投入资本、分派现金股利、取得和偿还银行借款、发行和偿还公司债券等。

其中资本包括：实收资本（股本）、资本溢价（股本溢价）；债务指企业对外所借入的款项，如发行债券、向金融企业借入款项及偿还债务等。

企业支付的、作为财务费用核算的借款利息，应列为筹资活动的现金流量。

现金流量的详细说明，见表7-1。

表7-1　现金流量的类型

种类	说明	流入项目	流出项目
经营活动现金流量	即企业投资活动和筹资活动以外的所有交易和事项引起的现金流量	（1）销售商品、提供劳务收到的现金。 （2）收到的税费返还。 （3）收到的其他与经营活动有关的现金	（1）购买商品、接受劳务支付的现金。 （2）支付给员工以及为员工支付的现金。 （3）支付的各项税费。 （4）支付的其他与经营活动有关的现金

续表

种类	说明	流入项目	流出项目
投资活动现金流量	即企业长期资产的购建和不包括在现金等价物范围的投资及其处置活动引起的现金流量	（1）收回投资收到的现金。 （2）取得投资收益收到的现金。 （3）处置固定资产、无形资产和其他长期资产收回的现金净额。 （4）处置子公司及其他营业单位收到的现金净额。 （5）收到的其他与投资活动有关的现金，如投资人未按期缴纳股权的罚金收入等	（1）购建固定资产、无形资产和其他长期资产支付的现金。 （2）投资支付的现金。 （3）取得子公司及其他营业单位支付的现金净额。 （4）支付的其他与投资活动有关的现金
筹资活动现金流量	即导致企业资本及债务规模和构成发生变化的活动引起的现金流量	（1）吸收投资收到的现金。 （2）取得借款收到的现金。 （3）收到的其他与筹资活动有关的现金	（1）偿还债务支付的现金。 （2）分配股利、利润或偿付利息支付的现金。 （3）支付的其他与筹资活动有关的现金

提醒您

不涉及现金流量的三类活动。

经营活动：各种摊销性费用、应计性费用。

投资活动：用非货币对外投资、债转股、股权互换。

筹资活动：债务转股权、非货币入资、非货币还债。

三、现金流量表的结构与格式

（一）现金流量表的结构

现金流量表的结构为：

（1）表首。

（2）正表。上下报告式，包含五部分内容。

（3）补充资料。将净利润调节为经营活动的现金流量；不涉及现金收支的投资和筹资活动；现金及现金等价物的净增加额。

（二）现金流量表的格式

现金流量表的格式应按照一般企业、商业银行、保险公司、证券公司等企业类型分别予以规定。企业应当根据其经营活动的性质，确定本企业适用的现金流量表格式。

现金流量表的格式见表7-2、表7-3。

表 7-2　现金流量表

编制企业：　　　　　　　　　　　　　　年　月　日　　　　　　　　　　　单位：元

项目	期初金额	期末金额
一、经营活动产生的现金流量		
销售商品、提供劳务收到的现金		
收到的税费返还		
收到的其他与经营活动有关的现金		
现金流入小计		
购买商品、接受劳务支付的现金		
支付给职工以及为职工支付的现金		
支付的各项税费		
支付的其他与经营活动有关的现金		
现金流出小计		
经营活动产生的现金流量净额		
二、投资活动产生的现金流量		
收回投资收到的现金		
取得投资收益收到的现金		
处置固定资产、无形资产和其他长期资产收到的现金净额		
处置子公司及其他营业单位收到的现金净额		
收到的其他与投资活动有关的现金		
现金流入小计		
购建固定资产、无形资产和其他资产支付的现金		
投资支付的现金		
取得子公司及其他营业单位支付的现金净额		
支付的其他与投资活动有关的现金		
现金流出小计		

续表

项目	期初金额	期末金额
投资活动产生的现金流量净额		
三、筹资活动所产生的现金流量		
吸收投资收到的现金		
借款收到的现金		
收到的其他与筹资活动有关的现金		
现金流入小计		
偿还债务支付的现金		
分配股利、利润或偿付利息支付的现金		
支付的其他与筹资活动有关的现金		
现金流出小计		
筹资活动产生的现金流量净额		
四、汇率变动对现金的影响		
五、现金及现金等价物净增加额		

表 7-3　现金流量表补充资料

项目	期初金额	期末金额
1.将净利润调节为经营活动现金流量:		
净利润		
加：资产减值准备		
固定资产折旧、油气资产折耗、生产性生物资产折旧		
无形资产摊销		
长期待摊费用摊销		
处置固定资产、无形资产和其他长期资产的损失（收益以"–"号填列）		
固定资产报废损失（收益以"–"号填列）		
公允价值变动损失（收益以"–"号填列）		
财务费用（收益以"–"号填列）		
投资损失（收益以"–"号填列）		
递延所得税资产减少（增加以"–"号填列）		
递延所得税负债增加（减少以"–"号填列）		
存货的减少（增加以"–"号填列）		

项目	期初金额	期末金额
经营性应收项目的减少（增加以"－"号填列）		
经营性应付项目的增加（减少以"－"号填列）		
其他		
经营活动产生的现金流量净额		
2.不涉及现金收支的重大投资和筹资活动：		
债务转为资本		
1年内到期的可转换公司债券		
3.现金及现金等价物净变动情况：		
现金的期末余额		
减：现金的期初余额		
加：现金等价物的期末余额		
减：现金等价物的期初余额		
现金及现金等价物净增加额		

四、现金流量表的作用

（一）提供筹资方面的信息

企业筹资能力的大小及筹资环境是债权人和投资者共同关心的问题。

筹资活动的现金流量信息，不仅关系到企业目前的现金流量，而且还关系到企业未来的现金流量，以及企业资本结构和资金成本等问题。

现金流量表中的筹资活动现金流量，既包括所有者权益性筹资的现金流入量和流出量，又包括债务性筹资的现金流入量和流出量。

在分析现金流量表时，不能仅看筹资活动产生的现金净流量是正还是负，还应关注筹资活动的现金流量是由权益性筹资引起的，还是债务性筹资活动引起的。

（二）提供投资方面的信息

企业对外投资的情况及效果也是投资者和债权人共同关心的问题。

投资收益质量的好坏，即投资收益收现比例的大小，直接关系到投资人和债权人的经济利益能否实现。现金流量表中投资活动所产生的现金流量信息，可以帮助投资人和债权人对企业投资活动及其效益进行评价。

（三）提供与企业战略有关的信息

对投资活动产生的现金流量进行分析时，可以先从投资活动现金净流量开始。如果投资活动的现金净流量是正值，除了利息收入及收回的债权性投资外，收到的现金主要是由固定资产、无形资产等投资活动所产生的，则说明企业可能处于转轨阶段，有可能会调整经营战略等。

若投资活动的现金净流量为负值，而且主要是由于非债权性投资活动所引起的，则说明企业可能处于扩张阶段，应注意分析其投资方向及投资风险。

（四）提供纳税方面的信息

现金流量表对企业纳税信息的披露较为充分。报表使用者可以分析与了解以下信息：

（1）通过企业实际纳税占全部应纳税的百分比，了解企业实际缴纳税金的情况。

（2）通过将纳税现金流量与企业经营活动产生的现金净流量相比较，可以分析与了解企业经营活动所产生的现金净流量能否满足纳税需要。

（五）提供有关资产管理效率方面的信息

报表使用者可以通过对企业经营活动产生的现金流量进行分析，并结合比较资产负债表中有关存货、应收账款等项目的增减变动情况，来分析现金流量表附注中的有关内容，从而判断企业应收账款的管理效率和存货的管理效率。

（六）对未来现金流量的预测

报表使用者分析时，尤其应注意现金流量表附注所披露的与现金流量没有关系的投资及筹资活动，这些活动有利于预测企业未来的现金流量。

对企业未来现金流量的分析，可以从三个方面着手，具体内容如图7-3所示。

（1）分析企业经营性应收项目及其所占销售收入比例的变动情况
（2）应收项目的增加或减少
（3）应收项目及其所占销售收入的比例大小

（1）分析经营性应付项目及其所占销售收入比例的变化情况
（2）应付项目的增加或减少
（3）应付项目及其所占销售收入的比例大小

对其他事项，如投资支出、筹资增加和股利政策等进行分析，同样可以预测企业未来的现金流量情况

图7-3　未来现金流量的分析

（七）有关企业分配方面的信息

有关企业分配方面的信息主要是指利息和现金股利的支付情况，实质上是对企业支付能力的分析。

股东所追求的是以现金形式表现的投资回报，而不是用货币计量的账面利润。

第二节　阅读现金流量表

一、经营活动产生的现金流量分析

现金流量表中经营活动产生的现金流量，反映了企业利用其经济资源创造现金流量的能力，可以帮助管理者分析一定期间内产生的净利润与经营活动产生的现金流量的差异。

（一）经营活动现金流入分析

1.销售商品、提供劳务收到的现金

"销售商品、提供劳务收到的现金"项目，由企业本期销售商品、提供劳务收到的现金，以及前期销售商品、提供劳务本期收到的现金（包括销售收入和应向购买者收取的增值税销项税额）与本期预收款项之和，减去本期销售本期

退回商品和前期销售本期退回商品支付的现金计算得出。企业销售材料和代购代销业务收到的现金，也在本项目中反映。

（1）销售收现率的公式

销售收现率的计算公式如下：

$$销售收现率 = \frac{销售商品、提供劳务收到的现金}{主营业务收入} \times 100\%$$

（2）销售收现率的意义

该比率反映了企业的收入质量，一般情况下，该比率越高，收入质量越高。

当比值小于1时，说明本期的收入中有一部分没有收回。

当比值大于1时，说明本期的收入不仅全部收回，而且还收到了以前期间的应收款项或预收账款。

如果比值很小，则表明企业的经营管理可能出现了问题，企业可能存在比较严重的虚盈实亏。

（3）诊断财务报表的内在逻辑

"销售商品、提供劳务收到的现金"与资产负债表和利润表中有关项目存在着钩稽关系，将这种钩稽关系用公式表示出来，有助于诊断财务报表的内在逻辑是否合理。

钩稽公式如下：

销售商品、提供劳务收到的现金＝主营业务收入＋收到的增值税销项税额＋应收账款、应收票据的减少（减去交易对方以非现金资产清偿债务而减少的经营性应收项目）＋预收账款的增加

交易对方以非现金资产清偿债务而减少的经营性应收项目＝主营业务收入＋收到的增值税销项税额＋应收账款、应收票据的减少＋预收账款的增加－销售商品、提供劳务收到的现金

这个公式为深入分析收入和应收款项的异动情况提供了线索。

正常情况下，交易对方以非现金资产清偿债务的数额不应该很大，如果该项目的测算金额较大，则表明可能存在异动情况，具体如图7-4所示。

2.收到的税费返还

"收到的税费返还"项目，反映了企业收到的所得税、增值税、消费税、关税和教育费附加等各种税费的返还款。

情况一	应收款项回收质量较差，债务人以非现金资产抵债的比重过大
情况二	与交易对手发生频繁的购销活动时，却不伴随现金收付
情况三	与交易对手发生大量非货币性交易，其结算方式和会计处理导致现金流量与销售数据不匹配
情况四	如果没有合理的解释，则企业报表有被操控的可能

图7-4　异动情况

收到的税费返还＝收到的增值税返还＋收到的消费税、教育费附加返还＋收到的所得税返还

利润表中的"补贴收入"项目，仅反映企业取得的各种补贴收入以及退回的增值税等。

退回的所得税，冲减"所得税"项目。

退回的消费税，冲减"主营业务税金及附加"项目。

因此，必须将利润表中的"补贴收入"项目与现金流量表中的"收到的税费返还"项目联系起来分析，才能判断一个企业实际接受的政府补贴情况。

3.收到的其他与经营活动有关的现金

"收到其他与经营活动有关的现金"项目，反映了企业收到的经营租赁的租金、罚款等其他与经营活动有关的现金，金额较大的应当单独列示。

收到的其他与经营活动有关的现金＝营业外收入（罚款收入）＋其他业务收入（经营租赁租金收入）＋补贴收入（不包括增值税的返还）＋其他应付款的增加

收到的其他与经营活动有关的现金异动倍数＝收到的其他与经营活动有关的现金÷销售商品、提供劳务收到的现金

该异动倍数越高，说明企业经营活动现金流入的异动程度越高。

（二）经营活动现金流出分析

1.购买商品、接受劳务支付的现金

"购买商品、接受劳务支付的现金"项目，由企业本期购买商品、接受劳务

实际支付的现金（包括增值税进项税额），与本期支付的前期购买商品、接受劳务未付款项和本期预付款项之和，减去本期发生购货退回收到的现金计算得出。企业购买材料和代购代销业务支付的现金，也在本项目中反映。

"购买商品、接受劳务支付的现金"与资产负债表、利润表中各项目的钩稽关系如下：

购买商品、接受劳务支付的现金＝主营业务成本（减去本期生产成本中非存货转化的部分）＋存货的增加＋应交增值税进项税＋应付账款、应付票据的减少（减去本期以非现金资产抵偿负债导致的应付账款、应付票据的减少）＋预付账款的增加

现金购销比率＝购买商品、接受劳务支付的现金÷销售商品、提供劳务收到的现金

一般情况下，现金购销比率应接近于商品销售成本率。

如果购销比率不正常，可能存在两种情况：

（1）购进了呆滞积压的商品。

（2）经营业务萎缩。

这两种情况都会对企业产生不利的影响。

2. 支付给职工以及为职工支付的现金

"支付给职工以及为职工支付的现金"项目，反映了企业本期实际支付给职工的工资、奖金、各种津贴和补贴等职工薪酬（包括代扣代缴的职工个人所得税）。

支付给职工以及为职工支付的现金＝应付职工薪酬借方发生额（不包括支付给在建工程人员的薪酬）

该项目提供的信息是资产负债表和利润表所不能替代的。

该项目数据应结合公司职工人数、资产负债表中应付职工薪酬等信息进行分析，从而判断企业的应付职工薪酬是否正常。

支付给职工以及为职工支付的现金比率＝支付给职工以及为职工支付的现金÷销售商品、提供劳务收到的现金

这一比率可以与企业过去的情况或同行业的情况进行比较。

比率过大，可能表明人力资源存在浪费，从而使劳动效率下降；或者是分配政策失控，导致职工收益分配的比例过大。

比率过小，表明职工的收益偏低。

"支付给职工以及为职工支付的现金"不包括企业支付给离退休人员的各项费用及支付给在建工程人员的工资。前者包括在"支付的其他与经营活动有关的现金"中，后者包括在"购建固定资产、无形资产和其他长期资产所支付的现金"中。

3.支付的各项税费

"支付的各项税费"项目，反映了企业本期发生并支付的、以前各期发生本期支付的，以及预交的各项税费，包括所得税、增值税、消费税、印花税、房产税、土地增值税、车船使用税、教育费附加等。

支付的各项税费=营业税金及附加+所得税费用+（销售项税-进项税）-应交税费的增加+管理费用（房产税、车船使用税、土地增值税、印花税）

支付的增值税=（销售项税-进项税）-应交增值税的增加

支付的所得税=所得税-应交所得税的增加

各项税费不包括与投资活动有关的税金支出，如支付的耕地占用税。

4.支付的其他与经营活动有关的现金

"支付其他与经营活动有关的现金"项目，反映了企业支付的经营租赁的租金、支付的差旅费、业务招待费、保险费、罚款等其他与经营活动有关的现金，金额较大的应当单独列示。

从经营活动的角度讲，支付的其他与经营活动有关的现金主要与利润表中管理费用、营业费用相关联，钩稽关系如下：

支付的其他与经营活动有关的现金=营业费用+管理费用-计入营业费用和管理费用的非付现项目（包括折旧、摊销、应付工资与应付福利费、坏账准备等）+其他业务支出（经营租赁费用）+营业外支出（罚款支出）+其他应收款的增加

（三）比较分析

（1）将销售商品、提供劳务收到的现金与购进商品、接受劳务付出的现金进行比较。在企业经营正常、购销平衡的情况下，该比率越大，说明企业的销售利润越大，销售回款越好，创现能力越强。

（2）将销售商品、提供劳务收到的现金与经营活动流入的现金总额比较，可反映企业产品销售现款占经营活动流入现金的比重。比重越大，说明企业主营业务越突出，营销状况越好。

（3）将本期经营活动现金净流量与上期比较，增长率越高，说明企业的成长性越好。

二、投资活动产生的现金流量分析

（一）投资活动的现金流入分析

1. 收回投资收到的现金

"收回投资收到的现金"项目，反映了企业出售、转让或到期收回除现金等价物以外的对其他企业的权益工具、债务工具等投资收到的现金。

收回投资收到的现金＝（短期投资期初数－短期投资期末数）＋（长期股权投资期初数－长期股权投资期末数）＋（长期债权投资期初数－长期债权投资期末数）

该公式中，如果期初数小于期末数，则应在"投资所支付的现金"项目中核算。

收回债务工具实现的投资收益、处置子公司及其他营业单位收到的现金净额不包括在本项目内。

权益性投资按实收金额反映；债权性投资仅反映本金，利息单独反映。

2. 取得投资收益收到的现金

"取得投资收益收到的现金"项目，反映了企业收到的除现金等价物以外的对其他企业的权益工具、债务工具投资所分配的现金股利和利息等。

取得投资收益收到的现金＝利润表投资收益－（应收利息期末数－应收利息

期初数）－（应收股利期末数－应收股利期初数）

该项目表明了企业因股权投资而取得的现金股利，因债券投资而取得的利息。注意，取得的股票股利不包括在本项目内。

3.处置固定资产、无形资产和其他长期资产收到的现金净额

"处置固定资产、无形资产和其他长期资产收到的现金净额"项目，由企业出售、报废固定资产、无形资产和其他长期资产所取得的现金（包括因资产毁损而收到的保险赔偿收入），减去为处置这些资产而支付的有关费用计算得出。

处置固定资产、无形资产和其他长期资产收到的现金净额＝"固定资产清理"的贷方余额－（无形资产期末数－无形资产期初数）－（其他长期资产期末数－其他长期资产期初数）

该项目反映了企业在报告期内处置固定资产、无形资产及其他长期资产时因取得价款收入、保险赔偿收入等而收到的现金扣除与之相关的现金支出后的净额。由于自然灾害所造成的固定资产等长期资产损失而收到的保险赔款收入，也在本项目中反映。

注意，如果该净额为负数，则不在本项目内反映（应在流出项目中反映）。

4.处置子公司及其他营业单位收到的现金净额

"处置子公司及其他营业单位收到的现金净额"项目，反映了企业处置子公司及其他营业单位所取得的现金减去相关处置费用，以及子公司及其他营业单位持有的现金和现金等价物后的净额。

5.收到的其他与投资活动有关的现金

反映企业除上述各项目外，收到的其他与投资活动有关的现金流入，如收回融资租赁设备本金、已宣告发放的股利、到期未收取的利息，如果价值较大，应单列项目反映。

（二）投资活动的现金流出分析

1.购建固定资产、无形资产和其他长期资产支付的现金

"购建固定资产、无形资产和其他长期资产支付的现金"项目，反映了企业购买、建造固定资产、取得无形资产和其他长期资产所支付的现金（含增值税款等），以及用现金支付的应由在建工程和无形资产负担的职工薪酬。

购建固定资产、无形资产和其他长期资产支付的现金＝（在建工程期末数－在建工程期初数）（剔除利息）＋（固定资产期末数－固定资产期初数）＋（无形资产期末数－无形资产期初数）＋（其他长期资产期末数－其他长期资产期初数）

上述公式中，如果期末数小于期初数，则应在"处置固定资产、无形资产和其他长期资产收回的现金净额"项目中核算。

固定资产：包含价款、运杂费及增值税等。

在建工程：包括工程款、工人工资等。

无形资产：购入与自创实际发生的现金支出。

提醒您

"购建固定资产、无形资产和其他长期资产支付的现金"中不包括融资租入固定资产所支付的租金，融资租入所支付的租金属筹资活动的现金流出。

2.投资支付的现金

"投资支付的现金"项目，反映了企业取得除现金等价物以外的对其他企业的权益工具、债务工具投资所支付的现金以及佣金、手续费等附加费用。

包括现金等价物以外的权益性投资和债权性投资所支付的现金（价款、佣金和手续费）。含可供出售的金融资产（如短期股票投资、短期债券投资）、长期股权投资、长期债权投资、合营中的权益投资。

3.取得子公司及其他营业单位支付的现金净额

"取得子公司及其他营业单位支付的现金净额"项目，反映了企业购买子公司及其他营业单位购买出价中以现金支付的部分，减去子公司及其他营业单位持有的现金和现金等价物后的净额。

 **实例**

企业购买子公司，出价150万元，全部以银行存款转账支付，该子公司有15万元的现金及银行存款，没有现金等价物。要求计算"取得子公司及

其他营业单位支付的现金净额"项目。

现金净额=150-15=135（万元）

4.支付的其他与投资活动有关的现金

"支付其他与投资活动有关的现金"项目，反映企业除上述项目外支付的其他与投资活动有关的流出，金额较大的应当单独列示。

购买股票或债券时，实际支付的价款中包含已宣告但尚未领取的现金股利或已到付息期但尚未领取的债券利息。

提醒您

当企业扩大规模或开发新的利润增长点时，需要投入大量的现金，如果投资活动产生的现金流入量补偿不了流出量，则投资活动现金净流量为负数；但如果企业的投资有效，未来产生现金净流入可用于偿还债务，创造收益，则企业不会有偿债压力。因此，在分析投资活动现金流量时，还应考虑企业目前投资项目的进展情况，不能简单地以现金净流入还是净流出来判断。

三、筹资活动产生的现金流量分析

（一）筹资活动现金流入项目分析

1.吸收投资收到的现金

"吸收投资收到的现金"项目，反映了企业以发行股票、债券等方式筹集资金实际收到的款项，减去直接支付给金融企业的佣金、手续费、宣传费、咨询费、印刷费等发行费用后的净额。不管是溢价发行还是面值发行，均要扣除发行费用。

2.借款收到的现金

借款所收到的现金包括短期借款、长期借款。

3.收到的其他与筹资活动有关的现金

收到的其他与筹资活动有关的现金，包括接受捐赠的现金收入、投资人未按期缴纳股权的罚款收入等。

（二）筹资活动现金流出项目分析

1.偿还债务支付的现金

含归还金融企业借款本金、偿付企业到期债券本金，但均不包括利息。

2.分配股利、利润或偿付利息支付的现金

包括本期支付本期或前期的股利与利润，及支付的借款利息、债券利息（有些利息需在在建工程或财务费用科目中核算）。

3.支付的其他与筹资活动有关的现金

包括三部分内容：

（1）为融资租赁所支付的现金。包括支付的当期应付租金和前期应付未付而本期支付的租金。

（2）为减少注册资本所支付的现金。如收购本公司股票，退还联营单位的联营投资等。

（3）其他。如捐赠现金支出。

（三）筹资活动产生的现金流量分析

如果企业通过借款筹集资金，则筹资活动产生的现金净流量越大，说明企业面临的偿债压力也越大，如，企业通过银行借款筹得资金，在本期现金流量表中反映为现金流入，但却意味着未来偿还借款时的现金流出。

如果现金净流入量主要来自企业吸收的权益性资本，则企业不会面临偿债的压力。因此，可将吸收权益性资本收到的现金与筹资活动现金总流入进行比较，所得比率越大，说明企业的资金实力越强，财务风险也越低。

四、现金流量表的指标分析

（一）流动性分析（偿债能力分析）

流动性分析主要用来评价企业偿付债务的能力。可用经营现金净流量对某种债务的比率关系来衡量，即，经营现金净流量占某种债务的比重。

（1）现金到期债务比＝经营现金净流量÷本期到期债务。

本期到期债务是指本期到期的长期债务和本期的应付票据，通常情况下这两种债务是不能展期的。

（2）现金流动负债比＝经营现金净流量÷流动负债。

（3）现金债务总额比＝经营现金净流量÷债务总额。

这个比率越高，表明企业承担债务的能力越强。用该指标可确定公司可承受的最高利息水平。

例如，该比率为15%，意味着只要债务的利息率低于15%，企业就可以按时付息，可通过借新债还旧债来维持借债规模。

（4）最大借款能力＝经营现金流量净额÷市场借款利率。

例如，某企业经营净现金流量为2 500万元，市场利率为8%，则该企业的最大负债能力≒2 500÷8%=31250万元。

（二）获取现金能力分析

获取现金能力分析可用来评价企业营业现金流量的创造能力，主要以经营现金净流量与某种投入资源的对比关系来衡量。

（1）销售现金比率＝经营现金净流量÷销售收入

反映了每元销售得到的净现金，该比率越大越好。

（2）每股营业现金净流量＝经营现金净流量÷普通股股数

反映了企业最大分派股利的能力。

（3）全部资产现金回收率＝经营现金净流量÷全部资产

反映了企业资产产生现金的能力。

（4）盈余现金保障倍数＝经营现金净流量÷净利润

反映了企业收益的质量。

（三）财务弹性分析

财务弹性是指企业适应经济环境变化和利用投资机会的能力。如果企业的现金流量超过需求，存在剩余，则说明企业的适应性强。可通过分析"现金供应÷现金需求"来评价企业的财务弹性。

（1）现金满足投资比率＝近5年经营现金流量净额÷近5年资本支出、存货增加、现金股利之和

该比率越大，说明企业现金的自给率越大。

① 若指标小于1，表明资金的供应不能满足需求。

② 若指标等于1，表明资金的供应正好满足需求。

③ 若指标大于1，表明资金的供应有剩余，应考虑其他投资。

（2）现金股利保障倍数＝每股经营现金流量净额÷每股现金股利

该比率越大，说明企业支付现金股利的能力越强。

五、现金流量的质量分析

（一）现金流量的质量及特征

现金流量的质量是指企业的现金流量能够按照企业预期目标进行运转的质量。有较高质量的现金流量应具有如下特征：

（1）企业现金流量的结构与状态体现了企业发展战略的要求。

（2）在稳定发展阶段，企业经营活动的现金流量有足够的支付能力，并能为企业的扩张提供现金流量支持。

（3）筹资活动现金流量能够适应经营活动、投资活动对现金流量的需求，且无不当融资行为。

（二）现金流量的质量分析重点

对企业现金流量的质量分析，应从以下两个方面进行：

1.对现金流量结果的整体质量分析

现金净流量有三种结果，即大于零、等于零和小于零。每种结果都与企业所在的经营周期、发展战略以及市场环境等因素有关，因此在分析时，不能仅依据现金净流量的大小做出优劣判别。

2.对现金流量各个项目的质量分析

可以分析：企业现金流量的构成、哪些项目在未来期间可以持续、哪些项目是偶然发生的、各个项目发生的原因。

（三）经营活动现金流量的质量分析

1.经营活动现金净流量大于零

一般而言，企业经营活动现金净流量大于零意味着企业生产经营比较正常，具有"自我造血"的功能。企业经营活动现金净流量占总现金净流量的比率越大，说明企业的现金状况越稳定。

如果企业当期经营活动现金净流量在大于零的基础上，还能补偿当期发生的非付现成本，说明剩余的现金在未来期间基本上不再为经营活动所需，则企业可以将这部分现金用于扩大生产，或者选择其他有盈利能力的项目进行投资，从而增加企业的竞争能力。

2.经营活动现金净流量等于零

这意味着企业经营过程中的现金"收支平衡"，此种情况在现实中比较少见，其对企业的长远发展不利。

3.经营活动现金净流量小于零

这意味着企业经营过程的现金流转存在问题，经营中出现"入不敷出"，这是最糟糕的情况。出现这种情况时，企业不仅不能长期发展，甚至难以在短期内进行简单再生产。

 相关链接

现金流量的变化结果与变化过程的关系

现金流量的变化结果与变化过程的关系为：

（1）"现金流量净增加额"大于零，即企业期（年）末现金流量大于期（年）初现金流量。

（2）"现金流量净增加额"小于零，即企业期（年）末现金流量小于期（年）初现金流量。

（3）"现金流量净增加额"等于零，即企业期（年）末与期（年）初现金状况相同。

（四）投资活动现金流量的质量分析

投资活动是指企业对外的股权、债权投资，以及对内的非货币性资产（固定资产、无形资产等）投资。

投资活动所关注的是，投资活动的现金流出与企业发展战略、投资计划之间的吻合程度；投资活动的现金流入是否具有盈利性。

对内投资活动的现金先流出，然后由经营活动补偿，补偿速度取决于折旧速度，现金流出在前，补偿在后；如果此时投资活动的现金流量为负数，一般表明企业正在扩张。

1.投资活动现金净流量大于或等于零

投资活动现金净流量大于或等于零会得出以下两种相反的结论：

（1）企业投资收益显著，尤其是短期投资回报收现能力较强。

（2）企业出现财务危机，同时又难以从外部筹资，而不得不处置一些长期资产，以补偿日常经营活动的现金需求。

2.投资活动现金净流量小于零

投资活动现金净流量小于零有以下两种解释：

（1）企业投资收益情况较差，投资没有取得经济效益，反而导致现金净流出。

（2）企业当期有较大的对外投资项目，因为大额投资一般会形成长期资产，并影响企业今后的生产经营能力，所以，这种情况对企业的长远发展有利。

（五）筹资活动现金流量的质量分析

筹资活动所关注的是，筹资活动的现金流量与经营活动、投资活动现金流量之和的适应程度，以及所筹集资金的使用情况。

1.筹资活动现金净流量大于零

企业筹资活动的净现金流量一般会大于零。但也应注意分析这种大于零的情况是否正常，企业的筹资活动是企业管理层以扩大投资和经营活动为目标的主动筹资行为，还是企业因投资活动和经营活动的现金流失控，不得已的筹资行为。

2.筹资活动现金净流量小于零

这种情况一般是企业在本会计期间集中发生了偿还债务、支付筹资费用、进行利润分配、偿付利息等业务。但也可能是企业在投资活动和企业战略发展方面没有更多作为的一种表现。

第八章

读懂利润表

引言:

　　利润表是反映企业一定会计期间经营成果的报表。通过阅读利润表，管理者可以知道企业在一定会计期间收入、费用、利润的数额及构成情况，还可以全面了解企业的经营成果，分析企业的获利能力及盈利增长趋势。利润表也为管理者作出正确的经济决策提供了重要依据。

第一节 利润表概述

利润表也称为损益表、收益表，是反映企业在一定会计期间经营成果的报表。利润表应当按照各项收入、费用以及构成利润的各个项目分类分项列示。

一、利润表的性质与作用

利润表是总括反映企业在一定期间内（月度、年度）利润盈利或亏损的实现情况的会计报表，它将"收入−费用＝利润"的公式用表格的形式表现出来。

（一）利润表的性质

利润表的性质主要有：

（1）反映了企业在一定期间的经营成果。

（2）是一张"动态"的会计报表。

（3）反映了收入、费用、投资收益、营业外收支及利润等情况。

（二）利润表与资产负债表的关系

1.区别

利润表与资产负债表的区别，见表8-1。

表 8-1　利润表与资产负债表的区别

具体项目	利润表	资产负债表
报表性质	动态报表	静态报表
反映金额	累计数	余额数
报表内容	经营成果	财务状况
编报基础	利润＝收入−费用	资产＝负债＋所有者权益

2.联系

（1）资产负债表反映了企业的经济实力，表中的资源是利润表中所有经营活动开展的基础。

（2）利润表反映了企业的盈利水平，表中的经营成果是资产负债表中所列资源使用效益的综合反映，利润表的循环往复，决定了企业资产的保值增值和企业的发展壮大，如图8-1所示。

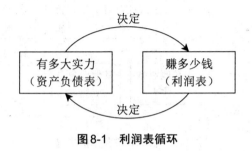

图8-1　利润表循环

（三）利润表的作用

（1）反映企业的盈利能力，评价企业的经营业绩。

（2）发现企业经营管理中的问题，为经营决策提供依据。

（3）揭示利润的变化趋势，预测企业未来的获利能力。

（4）帮助投资者和债权人做出正确的投资与信贷决策。

（5）为企业在资本市场融资提供重要依据。

二、利润表的内容与格式

（一）利润表的内容

一份完整的利润表应包括的内容，如图8-2所示。

（1）构成主营业务利润的各项要素，包括主营业务收入、主营业务成本、主营业务税金及附加等。

（2）构成营业利润的各项要素，包括主营业务利润、其他业务利润、管理费用、财务费用、销售费用、投资收益等。

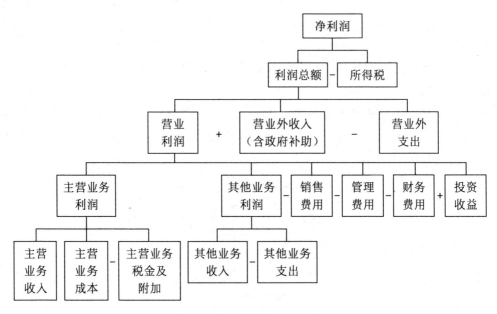

图 8-2　利润表应包括的内容

（3）构成利润总额的各项要素，包括营业利润、营业外收入、营业外支出等。

（4）构成净利润的各项要素，主要包括利润总额和所得税。

提醒您

利润表项目列示原则为：收入按其重要性进行列示，费用按其性质进行列示，利润按其构成分类分项列示。利润表中的配比原则是谁受益、谁付费。

（二）利润表的格式

利润表的格式一般分为单步式利润表和多步式利润表。

1.单步式利润表

单步式利润表是将本期发生的所有收入、费用等集中在一起列示，然后将收入类合计减去成本费用类合计，计算出本期利润，即净收益=所有的收入-所有的费用，见表8-2。

表 8-2　单步式利润表

编制企业：　　　　　　　　　　年　月　日　　　　　　　　　　单位：

项目	本月数	本年累计数
一、收入		
收入合计		
二、费用		
费用合计		
三、利润总额		
四、净利润		

2. 多步式利润表

多步式利润表是我国企业常用的格式，是根据利润计算的步骤而设计的，见表8-3。

表 8-3　多步式利润表

编制企业：　　　　　　　　　　年　月　日　　　　　　　　　　单位：

项目	本期金额	上期金额
一、主营业务收入		
二、主营业务利润		
三、营业利润		
四、利润总额		
五、净利润		

提醒您

> 一般企业都采用多步式利润表的结构，将企业利润形成的主要环节，划分为营业利润、利润总额和净利润三个层次：
>
> 营业利润＝营业收入－营业成本－营业税费－管理费用－销售费用－财务费用－资产减值损失＋公允价值变动净收益＋投资净收益
>
> 利润总额＝营业利润＋营业外收入－营业外支出
>
> 净利润＝利润总额－所得税费用

三、利润表收入与费用的确认

（一）利润表编制基础

利润表按照权责发生制原则进行编制，即：

（1）凡属于本会计期间的收入和费用，不论其款项是否收付，均应作为本期的收入和费用进行处理。

（2）凡不属于本期的收入和费用，即使款项已在本期收取或付出，也不计入本期的收入和费用。

（二）会计收入的确认标准

会计收入的确认标准为销售过程的完成与劳务提供过程的完成。

销售过程的完成是指产品的所有权已经转移，与产品有关的损失或者收益的权利已经转移给买方。

会计收入的确认情况：

（1）赊销——会计收入的确认先于收入项目对应的货币流入，同时债权相应增加。

（2）预收货款——会计收入的确认晚于收入项目对应的货币流入，同时负债相应减少。

（3）现销——会计收入的确认与收入项目对应的货币流入同时发生。

（三）会计费用的确认标准

会计费用的确认标准即实现销售与劳务提供过程的贡献。费用的确认不等于等额货币的减少。

会计费用确认的情况：

（1）会计费用的确认先于货币流出。先耗用他人资源，后付款，引起负债的增加。

（2）会计费用的确认晚于货币流出。先购买，后使用。

（3）会计费用与货币流出同时发生。

第二节　阅读利润表

一、了解经营成果的步骤

（一）把握结果——赚了多少钱

人们拿到利润表时，一般都习惯从下往上浏览，也就是说首先看净利润，然后看利润总额。这也是检查企业经营成果的第一步，即把握结果。把握结果的目的是要确认企业是赚钱还是赔钱，如果净利润是正数，说明企业赚钱；如果净利润是负数，说明企业赔钱。

（二）分层观察——在哪个环节赚的钱

经营成果要分层观察。分层观察的目的是要确认企业的盈利来自哪个环节、哪些业务。在利润表中，企业的主营业务利润和营业利润是在日常经营活动中获得的，最能说明企业的盈利能力。如果一个企业赚的钱是由主营业务利润或者营业利润贡献的，说明企业具有较好的盈利能力；如果一个企业赚了很多钱，但并不是来自主营业务，而是通过无法控制的事项或偶然的交易获得的，这就不能反映出企业盈利能力的大小。

（三）项目对比——对经营成果是否满意

检查经营成果的第三步是项目对比。项目对比通常是与以下两个目标分别进行比较：

（1）与以前年度经营成果相比。

（2）与年初所定的经营预算目标相比。

通过对这两个目标的比较，在某种程度上可以确定本年度的业绩是否令人满意。

二、收入类项目分析

收入类项目是指所有体现企业经济利益流入，从而导致企业利润增加的项目。包括营业收入、投资净收益、公允价值变动净收益、营业外收入等。

（一）营业收入

营业收入是指企业在从事销售商品、提供劳务和让渡资产使用权等日常经营业务过程中所形成的经济利益的总流入，分为主营业务收入和其他业务收入两部分。

营业收入是企业创造利润的核心，最具有可持续性，如果企业的利润总额绝大部分来源于营业收入，则说明企业的利润质量较高。

在分析营业收入时，需要注意以下几个问题：

1.企业营业收入确认的具体标准

（1）销售商品收入的确认条件

销售商品的收入要同时满足五个条件才能确认，如图8-3所示。

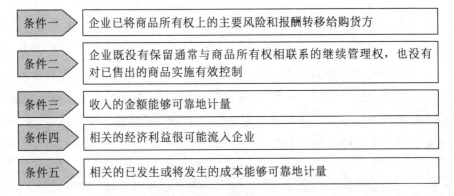

条件一　企业已将商品所有权上的主要风险和报酬转移给购货方

条件二　企业既没有保留通常与商品所有权相联系的继续管理权，也没有对已售出的商品实施有效控制

条件三　收入的金额能够可靠地计量

条件四　相关的经济利益很可能流入企业

条件五　相关的已发生或将发生的成本能够可靠地计量

图8-3　销售商品收入的确认条件

企业在确认收入时是否遵循了这五个标准，是否将应当在本期确认的销售收入延期入账，是否将不应本期入账的收入确认为本期收入，这些都是企业分

析收入时的关注点。

（2）对于企业的劳务收入，应分不同情况进行确认和计量，如图8-4所示。

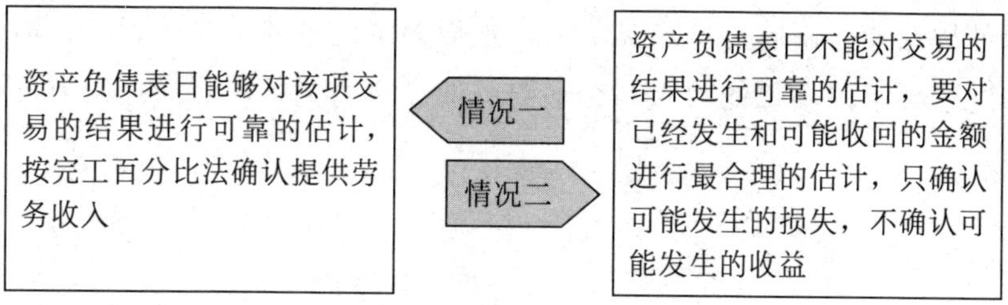

资产负债表日能够对该项交易的结果进行可靠的估计，按完工百分比法确认提供劳务收入

情况一

情况二

资产负债表日不能对交易的结果进行可靠的估计，要对已经发生和可能收回的金额进行最合理的估计，只确认可能发生的损失，不确认可能发生的收益

图8-4　进行确认和计量的情况

（3）让渡资产使用权的收入，即企业出租固定资产和无形资产取得的收入。

2.企业营业收入的品种构成

企业经营的产品或服务的品种是否适应市场的需要，对企业今后的生存和发展至关重要。

一般先计算各经营品种的收入占全部营业收入的比重，然后再比较比重的变化，从而得出企业经营品种结构的变化幅度，这样可以观察企业的产品和服务是否与市场的需求一致。企业产品品种的变化也反映了企业发展战略的变化。

3.企业营业收入的区域构成

对收入区域构成的分析，有助于预测企业未来期间的收入状况。分析内容主要包括：

（1）观察企业主要的收入来源于国外还是国内。

（2）国内的销售主要集中在哪个区域。

（3）对企业尚未占领的区域是否有相应的推进计划。

（4）企业产品的配置是否适应了消费者的偏好差异。

4.企业营业收入中来自关联方的比重

一些企业的营业收入主要来自与关联方的交易，对于这种收入应当谨慎考虑。

关联方的交易很可能是为了实现企业所在集团的整体利益，其价格一般不公允。因此，这种收入并不一定真实。分析时应当考虑将其单列，或者将其按照公允价值进行调整，如果难以调整，可以将其直接从企业的收入中剔除出去。

5.行政手段取得的收入占企业收入的比重

很多地方政府会利用手中的行政权力干涉企业的经营，最为明显的手段就是排斥外地企业，限制外地产品流入，从而为本地企业减少了竞争、增加了收益，通过这种手段增加的收入与企业自身的竞争力无关，应当在财务分析中予以剔除。

（二）投资净收益

投资净收益是投资收益与投资损失的差额。投资收益包括对外投资分得的利润、股利和债券利息，投资到期收回或者中途转让取得款项大于账面价值的差额，以及按照权益法记账的股票投资、其他投资在被投资单位增加的净资产中所拥有的数额等。投资损失包括对外投资到期收回或者中途转让取得款项少于账面价值的差额，以及按照权益法记账的股票投资、其他投资在被投资单位减少的净资产中所分担的数额等。

1.分析企业投资的目的

（1）利用企业自身的闲置资金取得暂时性收益。

（2）出于自身战略发展的要求，希望投资控制一些有利于企业长远发展的资源。

分析时应明确企业投资的目的。

2.分析投资收益有无相应的现金流量支撑

对外投资不是企业经常性的行为，企业投资收益一般不具有可持续性。因此，分析投资收益的质量时，主要关注投资收益有无相应的现金流量支撑，以及是否存在不稳的非正常现象。

（三）公允价值变动净收益

公允价值变动损益是资产在持有期间因为公允价值的变动而引起的损失或者收益。

分析该项目时，重点关注企业获取的相关资产的公允价值是否合理；是否将不适合使用公允价值计量的资产和负债划分为此类；企业在出售相关资产和偿付相关负债后，前期发生的公允价值变动损益是否计入了投资损益。

（四）营业外收入

营业外收入是指企业在经营业务以外取得的收入。

1.营业外收入的主要内容

（1）固定资产盘盈。

（2）处理固定资产净收益。

（3）罚款收入。

（4）出售无形资产收益。

（5）因债权人原因确实无法支付的应付款项。

（6）教育费附加返还款。

（7）非货币性交易中发生非货币性交易收益（与关联方交易除外）。

（8）企业合并损益。

2.营业外收入的特点

（1）是意外发生的，企业不能加以控制。

（2）是偶然发生的，不会重复出现。

这部分的收入数额较大并不是坏事，它能使企业净利润增加，因而增加企业利润分配的能力。

三、成本费用类项目分析

费用是经济利益的总流出，它在企业日常活动中发生，会导致所有者权益减少。成本费用类项目有许多，具体如图8-5所示。

图8-5 成本费用类项目

（一）营业成本

营业成本是指与营业收入相关的、已经确定了归属期和归属对象的成本。营业成本又分为主营业务成本和其他业务成本，它们是与主营业务收入和其他业务收入相对应的一组概念。

1.营业成本的内容

营业成本的内容，见表8-4。

表 8-4　营业成本的内容

序号	内容	具体说明
1	直接材料	直接材料包括企业生产经营过程中实际消耗的、直接用于产品生产，及构成产品实体的原材料、辅助材料、备品备件、外购半成品、燃料、动力、包装物以及其他直接材料
2	直接人工	直接人工包括企业直接从事产品生产人员的工资、奖金、津贴和补贴以及福利费等
3	制造费用	制造费用是指企业生产经营过程中发生的各项间接费用，企业可以根据自身需要，对制造费用进行适当调整

2.营业成本的特点

（1）从营业成本的构成不难判断出，对大多数企业，特别是制造型企业来说，营业成本是所有支出当中最大的一部分。

（2）与营业收入的关联度最高。

（3）与产品的生产紧密联系。

3.营业成本分析

分析营业成本时要关注三个方面的内容，如图8-6所示。

产品销售成本变动分析

主要产品生产成本降低目标完成情况分析

主要产品单位成本项目分析

将企业全部产品销售成本的本年实际情况与上年实际情况进行对比，从产品类别角度找出各类产品或各主要产品销售成本升降的幅度，以及对全部销售成本影响的程度

依据因素分析原理，按照产品产量→品种结构→单位成本的因素替代顺序进行成本降低目标完成情况的分析

分析直接材料、直接人工和制造费用各项目变动的影响因素

图8-6　营业成本分析的三个方面

4.分析的注意要点

在对营业成本进行质量分析时，应注意以下两点：

（1）关注企业存货发出的方法及其变动情况。

（2）检查企业营业收入与营业成本之间的匹配关系，查看企业是否存在操纵营业成本的行为。

（二）营业税金及附加

"营业税金及附加"项目反映了企业主要经营业务应负担的增值税、消费税、城市维护建设税、资源税、土地增值税和教育税附加等。

一般企业的营业税费金额与营业收入应相关联。

（三）销售费用

销售费用是指企业在销售过程中发生的各项费用以及专设销售机构的各项经费。

1.销售费用的内容

销售费用包括由企业负担的包装费、运输费、广告费、装卸费、保险费、委托代销手续费、展览费、租赁费（不含融资租赁费）和销售服务费、销售部门人员工资、职工福利费、差旅费、办公费、折旧费、修理费、物料消耗、低值易耗品摊销以及其他经费等。

提醒您

与销售有关的差旅费应计入销售费用。

2.销售费用的特点

在企业的销售规模和营销策略等变化不大的情况下，销售费用的变化也不会很明显。

3.销售费用分析的注意事项

销售费用分析的注意事项，如图8-7所示。

事项一	对销售费用的质量分析,应当注意其支出数额与本期收入之间是否匹配
事项二	销售费用分析,不应只看其数额的增减
事项三	如果销售费用有较大的增长,应观察增长的具体内容是什么
事项四	企业如果在新地域或新产品上投入较多的销售费用,而且这些支出不一定在本期就能创造收入,因此要谨慎分析,并判定其对今后期间收入增加的影响

图8-7 销售费用分析的注意事项

(四)管理费用

管理费用是指企业行政管理部门为组织和管理生产经营活动而发生的各项费用。管理费用属于期间费用,在发生的当期就应计入当期损益。对管理费用的结构分析,常见的分析方法有两种:按费用项目进行分析和按部门进行分析。

1.管理费用的内容

管理费用包括办公费、邮电费、汽车费、差旅费、交通费、业务招待费、折旧费、审计评估费、开办费摊销、无形资产摊销、递延资产摊销、工会经费等。

2.管理费用的分析要点

管理费用的支出水平与企业规模相关,对管理费用进行有效的控制可以提高企业的管理效率,但有些项目的控制或减少会对企业的长远发展不利,如企业的研发费、职工教育费等。

管理费用与企业收入在一定范围和期间内没有很强的相关性。一方面,不能仅仅依据营业收入的一定比率来判定管理费用的支出效率;另一方面,企业提高管理效率的最优途径就是增加收入,需要一定数额的管理费用支持更大的营业规模。

如果能够获得企业内部的财务预算,通过与预算数对比,可以更容易获得企业管理费用的质量状况。

提醒您

管理费用应当保持一定的稳定性，不能一味地追求降低。管理费用的项目比较庞杂，因此对管理费用的分析不应只停留在总量的增减变化上，还应关注其结构的变化，以便有针对地提出控制管理费用的措施。

（五）财务费用

财务费用是指企业在生产经营过程中为筹集资金而发生的各项费用。

1.财务费用的内容

财务费用包括利息支出、汇兑损失、相关的手续费、其他财务费用等。

提醒您

财务费用的高低主要取决于借款的规模、利率和期限。

2.财务费用的分析

对财务费用进行质量分析应当细分内部结构，观察企业财务费用的主要来源。财务费用的发生主要与表8-5所列的业务内容相关。

表8-5　发生财务费用的业务

序号	业务	具体说明
1	与企业借款融资相关	与企业借款融资相关是指应将财务费用分析与企业资本结构分析相结合，观察财务费用的变动是源于企业短期借款还是长期借款，同时关注借款费用中应予以资本化的部分是否已经资本化，以及借款费用中应当计入财务费用的部分是否被资本化了
2	与企业购销业务中的现金折扣相关	与企业购销业务中的现金折扣相关是指关注企业应当取得的购货现金折扣是否已经取得，若是存在大量没有取得的现金折扣，应查看企业的现金流是否紧张
3	与企业外币业务汇兑损益相关	与企业外币业务汇兑损益相关是指应关注汇率对企业业务的影响，观察企业对外币资产和债务的管理能力

（六）资产减值损失

资产减值损失是指企业在资产负债表日，经过对资产的测试，判断资产的可收回金额低于其账面价值，从而计提资产减值损失准备所确认的相应损失。

1.资产减值的范围

资产减值主要是对固定资产、无形资产，以及除特别规定外的其他资产进行减值处理。

2.分析要点

企业应对绝大部分资产计提资产减值损失，这体现的是谨慎性原则。

固定资产、无形资产等长期资产计提减值准备后，一经确认，在以后会计期间不得转回，这消除了一些企业通过计提秘密准备来调节利润的可能，从而限制了利润的人为控制。

在对资产减值进行分析时，应当关注每项资产减值准备的计提是否充分，是否存在企业计提不足或过度计提的状况，并且与历史资产减值状况对比，观察减值准备的异常变化，从而判断企业是否利用资产减值来调节利润。

（七）营业外支出

营业外支出是指不属于企业生产经营费用，与企业生产经营活动没有直接的关系，但应从企业实现的利润总额中扣除的支出。

营业外支出是指企业发生的、与企业日常生产经营活动无直接关系的各项支出。包括非流动资产处置损失、非货币性资产交换损失、债务重组损失、公益性捐赠支出、非常损失、盘亏损失等。对于这些损失，企业应将其控制在最低限度内。

（八）所得税费用

所得税费用是指企业经营利润应交纳的所得税。

1.企业当期所得税费用的内容

（1）当期应当缴纳的部分，即按照税法计算的应缴所得税。

（2）在当期发生但是应在以后期间缴纳的部分，即递延所得税。

2.分析要点

在分析时，应关注以下几个要点：

（1）企业对资产负债表计税基础的确定是否公允。

（2）如果存在非同一控制下的企业合并，递延所得税应调整商誉；对于其他权益工具投资公允价值变动导致的递延所得税应计入所有者权益，对于这两项资产负债账面价值与计税基础导致的递延所得税不能计入所得税。

（3）企业确认的递延所得税资产应以未来期间可能取得的用来抵扣可抵扣暂时性差异的应纳税所得额为限，超出部分因在后期不能转回，所以在本期不能确认为递延所得税资产。

四、利润类项目分析

利润类项目包括营业利润、利润总额、净利润。

（一）营业利润

营业利润是指企业在销售商品、提供劳务等日常活动中所产生的利润。

1.营业利润的内容

营业利润是主营业务利润和其他业务利润扣除期间费用之后的余额。其中，主营业务利润等于主营业务收入减去主营业务成本和主营业务应负担的流转税。其他业务利润是其他业务收入减去其他业务支出后的差额。

2.营业利润的特点

企业的营业利润代表了企业总体的经营管理水平和效果。

3.分析时的注意事项

（1）营业利润额较大时，因为营业利润中包括了其他业务利润，所以当企业多元化经营得较好时，其他业务利润会弥补主营业务利润的缺陷；如果其他业务利润长期高于主营业务利润，企业应考虑结构调整的问题。

（2）营业利润额较小时，企业应着重分析主营业务利润的大小、多种经营的发展情况和期间费用的多少。

（二）利润总额

利润总额是指企业在一定时期内实现的盈亏总额，反映了企业最终的财务成果。根据会计"损益表"中的"利润总额"的本年累计数填列。

由于利润总额中包含了许多非经常性项目的净收益，因此稳定性最差。但是，不管利润的形成原因如何，均增加了所有者的权益，都可以用来对投资者进行分配。因此，利润总额总是多多益善。

营业利润加上营业外收入，减去营业外支出，即为利润总额。

（三）净利润

净利润（收益）是指在利润总额中按规定交纳了所得税后公司的利润留成，一般也称为税后利润或净收入。

净利润是一个企业经营的最终成果，净利润多，企业的经营效益就好；净利润少，企业的经营效益就差，它是衡量一个企业经营效益的主要指标。

正常情况下，所得税费用是相对稳定的，当利润总额较大时，净利润也会较高。因此，在分析时，要注意盈利质量的高低，即盈利是否具有可持续性。

五、相关财务比率分析

（一）反映盈利能力的比率

在利润表中，盈利满意度的考察通常借助一些相关财务比率，来透视经营成果。

1.销售毛利率

$$销售毛利率 = \frac{主营业务收入 - 主营业务成本}{主营业务收入} \times 100\%$$

企业的毛利率较高或者适中，说明商品的盈利能力较强。但有时毛利率的适度下降，并不一定是商品的竞争力在减弱，比如，有些企业采取薄利多销的促销政策，它会适当降低毛利率，但这种毛利率的降低能够带动市场销售量，使主营业务收入和利润增加。也有可能会出现随着毛利率的下降，而主营业收入也在下降的现象，这不仅说明商品的获利能力在减弱，还说明市场也在萎缩。因此，借助毛利率来检查企业商品的竞争力时，还需借助销售净利率来检查企业的获利水平。

2.销售利润率

企业的盈利水平，通常用销售利润率来反映。

$$销售利润率 = \frac{利润总额}{主营业务收入} \times 100\%$$

销售利润率表明，企业每销售100元商品，或每取得100元的营业收入，可以给企业带来多少利润。这个指标还可以反映企业获利水平的高低，或者这个行业获利水平的高低。

3.总资产利润率

$$总资产利润率 = \frac{利润总额}{资产总额} \times 100\%$$

总资产利润率表明，企业每占用100元的资产可以净赚多少钱。总资产利润率高，说明企业的经济效益好，反之，则说明企业的经济效益差。同时，企业的效益好，说明管理水平高，效益不好，则说明管理水平存在一定的问题。因此，通过资产利润率，可以看出企业管理水平的高低。

4.净资产收益率

$$净资产收益率 = \frac{净利润}{平均股东权益} \times 100\%$$

净资产收益率表明，投资人每存放企业1元资产，可以给他带来多少回报，即回报率。净资产收益率高，说明投资者的投资回报率高；净资产收益率低，则说明投资者的投资回报率低。

（二）反映企业经营成长性的比率

对企业经营者来讲，更应关注企业未来的、长期的和持续的增长能力和发展能力。要了解企业经营成长性情况，可以重点关注利润表中销售和净利润的增长率及变化趋势。

1.销售增长率

市场是企业生存和发展的空间，销售增长越快，表明企业生存和发展的空间提升越快。从个别产品的销售增长率指标可以观察此产品所处的生命周期阶段，从而确定企业的成长性。

$$销售增长率 = \frac{本年销售额 - 上年销售额}{上年销售额} \times 100\%$$

$$近三年销售平均增长率 = \left(\sqrt[3]{\frac{当年主营业务收入总额}{三年前主营业务收入总额}} - 1\right) \times 100\%$$

2.营业利润率

从利润构成性质来看，与销售直接相关、产生于日常经营活动的营业利润相对稳定，且具有持续性，因此，对企业预测有很大的作用，还可以用来评价企业的经营业绩。

$$营业利润率 = \frac{营业利润}{销售收入净额} \times 100\%$$

3.成本费用利润率

成本费用是对企业生产经营投入的一种耗费。经营中的投入和耗费一般是为了所得和收益，其所能带来的收益水平，便是企业经营和发展能力的直接反映。

$$成本费用利润率 = \frac{利润总额}{成本费用总额} \times 100\%$$

（三）反映企业经营结构的比率

对利润表进行分析，还可以审视企业的经营现状，剖析企业的经营结构，从而实现经营结构的优化。那么如何通过利润表来了解企业的经营结构呢？一般可以从以下几方面入手：

1.收入结构

了解企业的收入结构，主要是关注企业主营业务收入的比重。

$$主营业务收入比重 = \frac{主营业务收入}{收入总额} \times 100\%$$

2. 产品产销结构

可以根据销售明细表计算各产品或业务在总生产或销售业务收入中的比重，来观察企业多元化经营战略的实施情况以及与之相关的风险。

3. 成本费用结构

企业增加利润的途径有两条：

（1）增加收入。

（2）降低成本费用。

当企业通过扩大产品销量、提高或维持价格无法增加收入时，应考虑调整自己的经营和管理思路，即将效益增加的途径转到对内强化管理上。在对外扩大销售的同时，重视企业的内部管理，从而使成本费用得到降低。对企业来讲，优化成本结构与降低成本费用同等重要。进行成本费用结构分析，特别要重视两个比重。

① 产品销售成本比重。

销售成本是企业成本费用的主要组成部分。对销售成本比重进行分析时，通常借用"销售成本率"这个指标。

$$销售成本率 = \frac{产品销售成本}{产品销售收入} \times 100\%$$

② 三项期间费用比重。

三项期间费用的上升也是影响利润下降的重要因素。

$$三项期间费用比重 = \frac{三项期间费用总额}{成本费用总额} \times 100\%$$

第九章

了解企业的财务状况

引言：

了解企业的财务状况，包括对经营过程中经营成果的评价，也包括对某个时点资产负债表中数据的评价，既有对时点数字的理解，也有对期间数字的体会。一般来说，可以从四个方面来了解一个企业的财务状况，即偿债能力、营运能力、盈利能力、发展能力。

第一节 了解企业的偿债能力

企业的偿债能力是指企业用资产偿还长期债务和短期债务的能力，是反映企业财务状况和经营能力的重要标志。企业偿债能力有静态和动态之分，静态偿债能力是指用企业资产清偿企业债务的能力；动态偿债能力是指用企业资产和经营过程创造的收益偿还债务的能力。企业有无支付现金的能力和偿还债务的能力，是企业能否生存和健康发展的关键。

反映企业偿债能力的指标主要有：流动比率、速动比率、资产负债率、现金流动负债比率等。通过计算企业的流动比率和速动比率，可以了解企业偿还短期债务的能力；通过计算资产负债率，可以了解企业偿还长期债务的能力。

一、分析流动比率

（一）定义及计算公式

流动比率，表示每1元流动负债需要有多少流动资产作为偿还的保证。它反映了企业流动资产对流动负债的保障程度。

$$流动比率 = \frac{流动资产}{流动负债} \times 100\%$$

（二）分析要点

一般情况下，该指标越大，表明企业短期偿债能力越强，通常，该指标在2左右较好。在运用该指标分析企业短期偿债能力时，还应结合存货规模的大小、周转速度、变现能力和变现价值等指标进行综合分析。如果，某一企业流动比率很高，但存货规模很大，周转速度很慢，就有可能造成存货变现能力减弱，变现价值降低，那么，该企业实际的短期偿债能力就要比指标反映的弱。而速动比率则能避免这种情况的发生，因为速动资产是流动资产中容易变现的那部分资产。

二、分析速动比率

（一）定义及计算公式

速动比率表示每1元流动负债需要有多少速动资产作为偿还的保证，是对流动负债保障程度的进一步反映。

$$速动比率 = \frac{流动资产 - 存货净额}{流动负债} \times 100\%$$

（二）分析要点

一般情况下，该指标越大，表明企业短期偿债能力越强，通常，该指标在1左右较好。在运用该指标分析企业短期偿债能力时，还应结合应收账款的规模、周转速度和其他应收款的规模，以及它们的变现能力进行综合分析。如果，企业的速动比率很高，但应收账款的周转速度很慢，且规模很大，变现能力很差，那么，企业真实的短期偿债能力要比该指标反映的差。

如果，某些流动资产项目的变现能力很差或无法变现，那么，在运用流动比率和速动比率分析企业短期偿债能力时，还应剔除这些项目的影响。

三、分析现金流动负债比率

（一）定义及计算公式

现金流动负债比率，是企业一定时期的经营现金净流量与流动负债的比率，它可以从现金流量角度来反映企业当期偿还短期负债的能力。

$$现金流动负债比率 = \frac{年经营现金净流量}{年末流动负债} \times 100\%$$

（二）分析要点

该指标从现金流入和流出的动态角度，对企业的实际偿债能力进行考察，反映了本期经营活动所产生的现金净流量足以抵付流动负债的倍数。

一般情况下，该指标大于1，表示企业流动负债的偿还有可靠的保证。该指标越大，表明企业经营活动产生的现金净流量越多，企业按期偿还到期债务的能力越强，但现金流量净额并不是越大越好，过大则表明企业现流动资金利用不充分，盈利能力不强。

四、分析资产负债率

（一）定义及计算公式

资产负债率是负债总额除以资产总额的百分比，也称为债务比率。资产负债率反映了资产总额中有多大比例是通过借债筹集的，可用于衡量企业利用债权人资金进行财务活动的能力，同时，也能反映企业在清算时对债权人利益的保护程度。

$$资产负债率 = \frac{负债总额}{资产总额} \times 100\%$$

资产负债率是衡量企业负债水平及风险程度的重要标志。

（二）分析要点

资产负债率又称财务杠杆，由于所有者权益不需偿还，所以财务杠杆越高，表明债权人的保障程度就越低。但并不意味着财务杠杆越低越好，一定规模的负债，表明企业的管理者能够有效地运用股东的资金，帮助股东用较少的资金进行较大规模的经营，所以，财务杠杆过低说明企业没有很好地利用资金。

通常情况下，企业的资产负债率越大，企业面临的财务风险越大。合理稳健的财务结构的资产负债率应保持在40%左右，资产负债率达到70%以上时，就应当警惕企业发生财务风险的可能性。当资方负债率大于100%，表明公司已经资不抵债，对于债权人来说风险非常大。

五、分析利息支付倍数

（一）定义及计算公式

利息支付倍数，表示息税前收益对利息费用的倍数，反映了企业负债经营时财务风险的程度。

$$利息支付倍数 = \frac{息税前利润}{利息费用} = \frac{利润总额 + 利息费用}{利息费用}$$

公式中的"利息费用",不仅包括财务费用中的利息费用,还应包括计入固定资产成本的资本化利息费用。

（二）分析要点

利息保障倍数,不仅反映了企业获利能力的大小,还反映了获利能力对偿还到期债务的保证程度,它既是企业举债经营的前提,也是衡量企业长期偿债能力的重要标志。

要维持正常偿债能力,利息保障倍数至少应大于1,且比值越高,企业长期偿债能力越强,负债经营的财务风险就越小。

如果倍数低于1,则意味着企业赚取的利润根本不足以支付利息,企业将面临亏损、偿债安全性与稳定性下降的风险。

第二节　了解企业的营运能力

营运能力是以企业各项资产的周转速度来衡量企业资产的利用效率。周转速度越快,表明企业的各项资产进入生产、销售等经营环节的速度越快,形成收入和利润的周期就越短,经营效率就越高。一般来说,反映企业营运能力的指标主要有:流动资产周转率、存货周转率、应收账款周转率、固定资产周转率、总资产周转率等。

一、分析流动资产周转率

（一）定义及计算公式

流动资产周转率,既是反映流动资产周转速度的指标,也是综合反映流动资产利用效果的指标,它是一定时期流动资产平均占用额和流动资产周转额的比率,即用流动资产的占用量和其所完成工作量的关系,来表明流动资产的使用经济效益。

$$流动资产周转次数 = \frac{主营业务收入净额}{流动资产平均余额}$$

$$流动资产周转天数 = \frac{计算期天数}{流动资产周转次数}$$

对于计算期天数，为了方便，全年按360天计算，全季按90天计算，全月按30天计算。对于流动资产平均余额，注意要用平均占用额而不是期末或期初占用额。周转额一般指企业在报告期中流动资产从货币到商品，再到货币这一循环过程的数额。它既可用销售收入，也可用销售成本来表示。

（二）分析要点

流动资产在一定时期的周转次数越多，说明每周转一次所需要的天数就越少，周转速度就越快，流动资产的营运能力就越好；反之，则说明周转速度慢，流动资产营运能力差。

二、分析存货周转率

（一）定义及计算公式

存货周转率是指企业在一定时期内存货占用资金的周转次数，或存货每周转一次所需要的天数。因此，存货周转率的指标有存货周转次数和存货周转天数两种形式。

$$存货周转率 = \frac{销售（营业）成本}{存货平均余额} \times 100\%$$

$$存货周转率 = \frac{销售（营业）收入}{存货平均余额} \times 100\%$$

$$存货周转天数 = \frac{360天}{存货周转率}$$

应当注意，存货周转次数和周转天数的实质是相同的，但是评价标准却不同，存货周转次数是个正指标，周转次数越多越好。

（二）分析要点

一般来说，存货周转率越高，则说明存货积压的风险就越小，资金使用效率就越高。相反，存货周转率过低，则说明企业在存货管理上存在较多问题。

存货周转率的影响因素很多，但主要还是受材料周转率、在产品周转率和产成品周转率的影响。通过不同时期存货周转率的比较，可查找出影响存货利用效果的原因，从而积极应对，不断提高存货的管理水平。

提醒您

存货周转速度偏低，可能由以下原因引起：

（1）经营不善，产品滞销。

（2）预测存货将升值，而故意囤积居奇。

（3）企业的销售政策发生了变化。

三、分析应收账款周转率

（一）定义及计算公式

应收账款周转率反映了应收账款的变现速度，是对流动资产周转率的补充说明。

$$应收账款周转率 = \frac{销售（营业）收入净额}{应收账款平均余额} \times 100\%$$

$$应收账款平均余额 = \frac{期初应收账款 + 期末应收账款}{2}$$

$$应收账款周转天数 = \frac{360天}{应收账款周转率}$$

（二）分析要点

应收账款周转率反映了企业应收账款变现速度的快慢及管理效率的高低。

应收账款周转率高，表明企业收账迅速，账龄期限短，这样可以减少收账费用和坏账损失，从而相对增加企业流动资产的投资收益。

当然，周转率太高，也不利于企业扩大销售、提高产品市场占有率。

企业要加强对应收账款的管理，应在强化竞争、扩大销售的同时，尽可能降低应收账款投资的机会成本、坏账损失与管理成本。

具体来说，就是要制定严格、合理、有效的应收账款管理措施。

相关链接 ···

应收账款管理措施

一、制定合理的信用标准

制定合理的信用标准是指企业为客户赊销限定的必备条件，这些条件主要包括三个方面：

（1）偿债能力指标，通常以流动比率、速动比率、现金比率、产权比率等作为标准。

（2）营运能力指标，以存货周转率、应收账款周转率等作为标准。

（3）盈利能力指标，以已获利息倍数、总资产息税前利润率、净资产收益率等作为标准。

这些指标达到一定的标准时，企业才能进行赊销，否则，将会导致应收账款无法收回。

信用标准定得过高，有利于降低违约风险及收账费用；但会使许多客户因信用品质达不到标准而被拒之门外，从而影响了企业市场竞争能力的提高和销售收入的扩大。

相反，如果企业采用较低的信用标准，虽然有利于扩大销售，提高市场竞争力和占有率，但同时也需要面临较大的坏账损失风险和较高的收账费用。

这样，就要求企业根据自身的抗风险能力、市场竞争的激烈程度、客户的资信程度，来确定一个既为客户所能接受又有利于销售的信用标准。

二、约定合适的信用条件

即约定具体的客户付款条件，主要包括信用期限（企业要求客户付款的最长期限）、折扣期限（客户获得折扣的付款期限）、现金折扣（客户在折扣期内付款可获得的现金折扣率）。

三、制定有效的收账方针

当客户违反信用条件，拖欠甚至拒付账款时，企业应及时采取措施，加以催收。企业应根据欠款的多少、客户的信用品质，采取不同的措施，进行多渠道、多方法、有重点地催收。

总之，计算并分析应收账款周转率，是为了促进企业通过合理的赊销政策、严格的购销合同管理、及时的结算制度等途径，加强应收账款的前中后期管理，从而加快应收账款的回收速度。

（三）注意事项

对应收账款周转率进行分析时，应注意的问题，如图9-1所示。

要点一	影响应收账款周转率下降的主要原因是企业的信用政策、客户故意拖延和客户财务困难
要点二	应收账款是时点指标，易受季节性、偶然性和人为因素的影响。为了使该指标接近实际值，应计算平均数时，应采用尽可能详细的资料
要点三	过快的应收账款周转率可能是由紧缩的信用政策引起的，其结果可能会危及企业的销售增长，损害企业的市场占有率
要点四	若现金销售比例较大，则该比率的作用就很小
要点五	销售波动越大，该比率被歪曲的可能性就越大

图9-1　应收账款周转率分析的注意事项

四、分析固定资产周转率

（一）定义及计算公式

固定资产周转率是一定时期所实现的收入同固定资产平均占用总值之间的比率。

$$固定资产周转率 = \frac{销售（营业）收入净额}{平均固定资产净值} \times 100\%$$

$$固定资产周转天数 = \frac{360}{固定资产周转率}$$

（二）分析要点

固定资产周转率越高，表明一定时期内固定资产提供的收入越多，固定资产的利用效果越好。因为，收入指标比总产值更能准确地反映经济效益，所以，固定资产周转率能更好地反映固定资产的利用效果。

固定资产周转率高，还可以表明企业固定资产投资得当，固定资产结构合理，能够充分发挥效率。反之，则表明固定资产使用效率不高，提供的生产成果不多，企业的运营能力不强。

提醒您

固定资产结构合理，是指企业生产用和非生产用固定资产应保持一个恰当的比例，即生产用固定资产能全部投入使用，实现满负荷运行，并能完全满足生产经营的需要；非生产用固定资产能切实担当起服务的职责。

五、分析总资产周转率

（一）定义及计算公式

总资产周转率是综合评价企业全部资产经营质量和利用效率的重要指标。

$$总资产周转率 = \frac{销售（营业）收入净额}{平均资产总额} \times 100\%$$

$$总资产周转天数 = \frac{360}{总资产周转率}$$

（二）分析要点

该指标反映了企业收入与资产占用之间的关系。通常，总资产周转率越高，表明企业全部资产营运能力越强，营运效率越高。

因为，总资产是由流动资产、固定资产、长期投资、无形资产等组成，所以，总资产周转率的高低取决于这些资产的利用效率。企业可分项进行计算和分析，从中找到影响总资产周转率的原因，以便采取应对措施，及时解决存在的问题。

要对总资产周转率做出客观、全面的分析，企业需从两方面入手：

（1）纵向比较。对企业近几年来的总资产周转率进行对比。

（2）横向比较。将本企业与同类企业的总资产周转率对比。

通过纵横比较，可以发现企业在资产利用上取得的成绩与存在的问题，从而促使企业加强经营管理，提高总资产利用率。

 相关链接

总资产周转率高低的取决因素

总资产周转率的高低取决于以下两个因素：

1.流动资产周转率

因为，流动资产的周转速度往往高于其他类资产的周转速度，所以，加快流动资产周转，可提高总资产周转速度。

2.流动资产占总资产的比重

因为，流动资产周转速度快于其他类资产周转速度，所以，企业流动资产所占比例越大，总资产周转速度就越快。

第三节 了解企业的盈利能力

企业盈利能力是大家关注的核心，它是投资者取得投资收益、债权人收取本息的资金来源；是经营者经营业绩和管理效能的集中表现；也是职工福利设施不断完善的重要保障。只有长期盈利，企业才能真正做到持续经营。因此，无论是投资者还是债权人，都对企业的盈利能力非常重视。

我们可以利用会计报表所提供的信息，从五个角度来评价企业的盈利能力，如表9-1所示。

表 9-1 企业盈利能力的评价指标

序号	企业盈利能力的评价指标	意义
1	销售毛利率	产品的竞争力
2	销售利润率	企业的盈利水平
3	资产净利率	企业的管理水平
4	净资产收益率	投资者的回报
5	市盈率	从市场的角度评价企业的盈利能力

一、分析销售毛利率

（一）定义及计算公式

销售毛利率反映了企业产品或商品销售的初始获利能力，从企业营销策略来看，没有足够大的毛利率便不能形成较大的盈利。

$$销售毛利率 = \frac{销售毛利}{销售收入} \times 100\% = \frac{销售收入 - 销售成本}{销售收入} \times 100\%$$

所谓毛利，是指净销售收入与销货成本之间的差额，而销货成本则是期初存货加上期间进货再减去期末存货的结果。

有的企业还经常使用销货成本率这一指标，计算公式为：

$$销货成本率 = \frac{销货成本}{销售净额} \times 100\%$$

它实际上等于1减去毛利率后的余数；或者反过来说，毛利率等于1减去销货成本率。

总的来说，销售毛利率或销货成本率是产品售价与生产成本各种组合关系的反映，而售价和成本又直接受销售数量的影响。

（二）分析要点

销售毛利率主要反映企业产品在市场上竞争能力的强弱，如果企业的销售毛利率高，那么企业产品的市场竞争能力就强；反之，则说明企业产品的竞争力较弱。

 相关链接 ‹······················

导致毛利率下降的原因

导致毛利率下降的原因主要有：

（1）因竞争而降低售价。

（2）购货成本或生产成本上升。

（3）因市场发生变化，导致生产（经销）的产品（商品）结构发生变化——毛利率水平较高的产品（商品）的生产（销售）量占总量的比重下降了。

（4）发生严重的存货损失（指在定期实地盘存制下）。

假如企业的毛利率或销货成本率发生了变化，可从以下方面进行分析：

① 是原材料、中间产品的成本增加了，还是支付给工人的工资增加了，或是能源及其他公用事业费用提高了？

② 是薄利产品的销量提高了，还是因竞争激烈而被迫降价出售产品？

③ 是生产技术、营销手段过时、落后了，还是新开发投产的产品成本太高了？

此外，会计制度或准则中有关存货和折旧等处理方法的变更引起的企业当期利润减少等，都有可能使企业的销货成本率提高、毛利率下降。

二、分析销售利润率

（一）定义及计算公式

销售利润率是一定时期的销售利润总额与销售收入总额的比率。它表明了单位销售收入获得的利润，反映了销售收入和利润的关系。

$$销售利润率 = \frac{利润总额}{营业收入} \times 100\%$$

息税前利润率也称基本获利率，是企业息税前的利润与当期营业收入的比值，反映了企业总体的获利能力。

$$息税前利润率 = \frac{利润总额 + 利息费用}{营业收入} \times 100\%$$

息税前利润率不考虑企业资金的来源，可消除借款利息对利润水平产生的影响，便于企业前后期的分析与比较。

（二）比率的意义

销售利润率可以表明企业经营理财状况的稳定性、面临的危险或可能出现的转机。

销售利润率是企业经营活动最基本盈利能力的体现，一个企业如果没有足够大的销售利润率，将很难形成最终利润。因此，将销售利润率与企业的销售收入、销售成本等因素结合起来进行分析，能够充分揭示出企业在成本控制、费用管理、产品销售以及经营策略等方面的成绩与不足。同时，该指标高，说明企业产品的定价科学，产品附加值高，营销策略得当，主营业务市场竞争力强，发展潜力大，盈利水平高。

（三）分析要点

（1）销售利润率越大，说明每百元销售收入净额所取得的利润总额越多。

（2）比营业利润率更具综合性。

三、分析资产净利率

（一）定义及计算公式

资产净利率，是指企业一定时期内的净利润与资产平均总额的比率。资产净利率充分体现了投资者投入企业的自有资本获取净收益的能力，突出反映了投资与报酬的关系。

$$资产净利率 = \frac{净利润}{资产平均总额} \times 100\%$$

（二）分析要点

将资产净利率与销售利润率进行比较，可以反映财务杠杆及所得税对企业最终资产获利水平的影响。

一般认为，资产净利率越高，表明资产利用的效率越高，整个企业的获利能力越强，经营管理水平越高。

四、分析净资产收益率

（一）定义及计算公式

净资产收益率是公司税后利润除以净资产得到的百分比率，可衡量企业对自有资本的利用效率。

$$净资产收益率 = \frac{净利润}{净资产平均余额} \times 100\%$$

（二）分析要点

（1）净资产收益率越高，说明股东投资的收益水平越高，企业的盈利能力越强。反之，则说明股东的收益水平不高，企业的获利能力不强。

（2）月净资产收益率与年净资产收益率可换算。

五、分析市盈率

（一）定义及计算公式

市盈率是股份企业或者上市企业表示企业盈利能力的指标。

$$市盈率 = \frac{股价}{每股盈利} \times 100\%$$

（二）分析要点

市盈率说明股票价格与企业盈利有直接关系。市盈率越高，表明市场对企业股票的认同越大。市盈率越低，表明市场对企业股票的认同越小。当然，在一个不正常的市场上，股票价格与企业盈利的关系就不会那么明显。因为，股票的价格除了受经济因素影响外，还会受到非经济因素的影响。

第四节　了解企业的发展能力

企业的发展能力是指企业未来的发展趋势与发展速度，包括企业规模的扩大、利润和所有者权益的增加。企业发展能力的分析是为了说明企业未来的扩展能力与生产经营实力。对企业发展能力进行分析，可以判断企业未来经营活动现金流量的变动趋势，从而预测未来的现金流量。

企业发展能力分析的指标主要包括：主营业务增长率、主营利润增长率、净利润增长率、资本积累率。

一、分析主营业务增长率

（一）定义及计算公式

主营业务增长率是企业本年营业收入增长额与上年营业收入总额的比率，

可反映营业收入的增减变动情况。

$$主营业务增长率=\frac{本期主营业务收入-上期主营业务收入}{上期主营业务收入}\times100\%$$

（二）分析要点

主营业务收入增长率可以用来判断企业发展所处的产品生命周期阶段。

（1）如果主营业务收入增长率超过10%，说明企业产品处于成长期，并将继续保持较好的增长势头，尚不会面临产品更新的风险，属于成长型企业。

（2）如果主营业务收入增长率在5%～10%之间，说明企业产品已进入稳定期，不久将进入衰退期，此时需要着手开发新产品。

（3）如果主营业务收入增长率低于5%，说明企业产品已进入衰退期，此时保持市场份额已经很困难，主营业务利润开始下滑。

（4）主营业务收入增长率高，表明企业产品的市场需求大，业务扩张能力强。

二、分析主营利润增长率

（一）定义及计算公式

主营利润增长率就是本期主营业务利润减去上期主营业务利润后再除以上期主营业务利润的比值。该指标体现了企业主营利润的增长速度。

$$主营利润增长率=\frac{本期主营业务利润-上期主营业务利润}{上期主营业务利润}\times100\%$$

（二）分析要点

一般来说，主营利润稳定增长且占利润总额的比例呈上升趋势的企业，成长能力强。有些企业，年度利润总额有所增加，但主营业务利润却未增加，甚至大幅下降，这表明企业经营质量不高，可能蕴藏着巨大的风险。

三、分析净利润增长率

（一）定义及计算公式

净利润增长率体现了企业当期净利润比上期净利润的增长幅度，净利润增长率越大，说明企业的盈利能力越强。

$$净利润增长率 = \frac{本期净利润总额 - 上期净利润总额}{上期净利润总额} \times 100\%$$

（二）分析要点

净利润增长率反映了企业实现价值最大化的扩张速度，是综合评价企业资产营运与管理业绩，以及成长状况和发展能力的重要指标。净利润增长幅较大，表明企业的经营业绩突出，市场竞争能力强。净利润增幅小甚至出现负增长，也就谈不上企业的成长性了。

四、分析资本积累率

（一）定义及计算公式

资本积累率，即股东权益增长率，是企业当年所有者权益增长额同年初所有者权益的比率。资本积累率体现了企业当年资本积累的能力，是评价企业发展潜力的重要指标。

$$资本积累率 = \frac{年末所有者权益 - 年初所有者权益}{年初所有者权益} \times 100\%$$

（二）分析要点

资本积累率反映了投资者投入企业资本的保全性和增长性，该指标越高，表明企业的资本积累越多，企业资本的保全性越强，持续发展的能力越大。该指标如果为负值，表明企业的资本受到侵蚀，所有者利益受到损害，企业应予充分重视。资本积累率既是企业发展壮大的标志，也是企业扩大再生产的源泉，充分展现了企业的发展潜力。

提醒您

以上评价指标在具体运用时，评价的基本方法就是比较法。好与坏是相比较而言的，只要找到了评价标准，才能判断评价的结果。而通常所选用的评价标准有两个：

（1）与企业不同期间比较。通常与上年度作比较。例如，与上一年相比，毛利率是增加了还是下降了，产品的获利水平是提高了还是降低了。

（2）与同行业企业比较。企业可以与同行业先进的企业进行比较，也可以与同行业的平均水平进行比较，这样能发现企业的优势和不足，便于找到差距，改进企业的经营方针政策和措施。